Rindert Kromhout
Herr Max und die Minimonster

Rindert Kromhout

Herr Max
und die Minimonster

Aus dem Niederländischen
von Andrea Kluitmann

Mit Illustrationen von Sylvia Weve

Patmos

Rindert Kromhout war selber Kindergärtner.
Heute schreibt er mit großem Erfolg Kinderbücher für
verschiedene Altersstufen.

Die Illustrationen von *Sylvia Weve* wurden in den
Niederlanden mit dem „Silbernen Griffel" ausgezeichnet.

Max Velthuijs gewidmet

Wir danken dem NEDERLANDS LITERAIR PRODUKTIE-
EN VERTALINGENFONDS für den freundlich gewährten
Übersetzungskostenzuschuss.

Titel der niederländischen Originalausgabe:
Meester Max en de minimonsters
© 1998 Rindert Kromhout für den Text und
© 1998 Sylvia Weve für die Illustrationen
Uitgeverij Leopold, Amsterdam

Die Deutsche Bibliothek – CIP Einheitsaufnahme

Kromhout, Rindert:
Herr Max und die Minimonster / Rindert Kromhout.
Aus dem Niederländ. von Andrea Kluitmann. – Patmos Verlag, 2001
ISBN 3-491-37434-0

Einband und Innenillustrationen: Sylvia Weve
Satz: Fotosatz Moers, Mönchengladbach
Druck und Verarbeitung: Pustet, Regensburg
ISBN 3-491-37434-0
www.patmos.de

Inhalt

Der Zahn

„Mein Zahn ist raus", sagt Rosa. „Jetzt bin ich groß."
Sie öffnet ihre Faust und zeigt Ben einen kleinen weißen
Zahn mit einem braunen Rand am Ende. In ihrem Mund ist
ein Loch, genau an der Stelle, wo der Zahn war.
„Erst war der Zahn locker", erzählt sie, „und dann bin ich
hingefallen und dann war er raus."
Ben und Rosa sitzen am Sandkasten. Vor dem Kindergarten
stehen viele Kinder und auch eine Menge Väter und Mütter,
die warten, bis der Kindergarten anfängt.
„Ich bin auch groß", sagt Ben.
„Nein, du bist klein", sagt Rosa. „Ich will jetzt nicht mehr
mit dir spielen. Ich will nur noch mit großen Kindern spie-
len."
„Ich bin schon fünf", sagt Ben.
„Aber du hast keinen Zahn raus."
Das stimmt. Ben weiß nicht, was er sagen soll.
„Ich will auch einen Zahn raus", sagt er traurig. Er steckt
den Finger in den Mund und zieht an seinen Zähnen. Aber
die sitzen fest, nicht ein einziger wackelt auch nur ein
bisschen.
„Du musst dagegen hauen", sagt Rosa.
Vorsichtig haut Ben gegen seine Zähne. Auch das hilft
nicht.
„Fester", sagt Rosa und schlägt Ben fest gegen den Mund.
„Au! Das tut weh!" Und noch immer sitzen alle Zähne fest.
Rosa hebt ein Steinchen auf und tickt damit gegen Bens Zäh-
ne. Es fühlt sich ekelhaft an und hilft überhaupt nicht.
Was jetzt? Sie denken beide kurz darüber nach.
Ben würde Wendy gern fragen. Wendy ist die Kindergärt-

nerin der Igelgruppe, in der Ben und Rosa sind. Aber Wendy steht nicht vorm Kindergarten. Das Kindergartentor ist noch geschlossen. Und Mama ist auch nicht da, denn Ben wohnt ganz in der Nähe und darf schon alleine zum Kindergarten gehen.

„Ich hab's!", sagt Rosa. „Du musst hinfallen, dann fällt der Zahn bestimmt endlich raus."

Das ist eine gute Idee, findet Ben. Er steht auf und versucht zu fallen. Aber das geht nicht. Er schwankt hin und her und stolpert, aber er fällt nicht um. Umfallen ist gar nicht so einfach.

Plötzlich steht Rosa auf und schubst ihn. Ben fällt aufs Gesicht. Er fängt vor Schreck und Schmerzen an zu weinen.

Inzwischen ist das Tor vom Kindergarten auf. Väter, Mütter und Kinder gehen hinein.

Ben rappelt sich auf und reibt sich über den Mund. Es tut weh.

„Du blutest", sagt Rosa. „Es hat geklappt."

Sofort hört Ben auf zu weinen. Er fühlt an seinen Zähnen, doch die sind noch alle da. Es hat schon wieder nicht geklappt!

Rosa sagt nichts mehr. Sie läuft zu Pieter und Peter, die auf dem Klettergerüst sitzen, und zeigt den beiden stolz ihren Zahn.

Ganz allein bleibt Ben zurück. Seine Lippe tut weh. Er hat einen üblen Geschmack im Mund und fühlt neue Tränen aufsteigen. Schluchzend geht er in den Kindergarten, um sich von Wendy trösten zu lassen.

Der erste Tag mit Herrn Max

Wendy ist nicht da. Die meisten Kinder sitzen schon im Kreis und auf dem Stuhl der Kindergärtnerin sitzt Herr Max. Wendy ist nirgendwo zu sehen.

„Hallo, was ist denn mit dir passiert?", fragt Herr Max, als Ben hereinkommt.

„Wo ist Wendy?", fragt Ben.

Herr Max ist der Leiter vom Kindergarten. Früher war er auch Kindergärtner, aber jetzt sitzt er immer in seinem Zimmer, um Dinge aufzuschreiben und um mit Vätern und Müttern zu reden.

„Ja, wo ist Wendy?", fragt Susan.

Komisch, dass sie noch nicht da ist und Herr Max jetzt auf ihrem Stuhl sitzt.

„Wendy ist krank. Ich bleibe bei euch, bis sie wieder gesund ist. Einverstanden?"

„Jaaah!" Es ist immer schön, wenn andere Kindergärtnerinnen kommen, außer wenn sie sehr streng sind.

Ben wischt sich die Tränen ab und setzt sich zu den anderen in den Kreis.

Als nach einer Weile alle Kinder da sind, holt Herr Max seine Tasche und packt eine Zeitung aus. „So", sagt er, „nun spielt ihr mal schön, dann kann ich in aller Ruhe Zeitung lesen."

Zeitung lesen?

„Wir wollen nicht spielen", sagt Rosa, „du musst uns was vorlesen."

„Vorlesen?", fragt Herr Max.

„Das macht Wendy auch immer", erklärt Pieter.

Herr Max seufzt tief und faltet seine Zeitung zusammen.

„Na gut", sagt er. „Eine kurze Geschichte."
Ben rennt zum Bücherregal und holt *Max und die Maximonster*, sein Lieblingsbuch. Alle Kinder rücken näher zu Herrn Max.
„Max und die Maximonster?", sagt Herr Max lachend. „Ist das ein Buch über mich?"
„Nein, über Monster", sagt Ben.
Herr Max blättert in dem Buch. „Ist das nicht ein wenig zu gruselig für euch?"
„Es ist spannend!", sagt Ben.
„Ja, gut", sagt Herr Max zögernd. Er schlägt das Buch auf und fängt an zu lesen. „Als Max als Wolf verkleidet war und Unfug machte ... und noch mehr Unfug machte ..."

Während Herr Max vorliest, wie Max zum Land der Maximonster segelte und wie fürchterlich die Maximonster mit den Zähnen knirschten und mit den Augen rollten, fangen ein paar Kinder an auf ihren Stühlen hin- und herzuwackeln. Wim bohrt in der Nase, Rosa spielt mit Barbaras Haaren. Fast niemand hört zu, weil fast niemand das Vorlesen schön findet.
Auch Ben langweilt sich. Die Stimme von Herrn Max klingt laut, aber nicht spannend. Er flüstert nicht, wenn es gruselig wird, er brüllt nicht, wenn die Maximonster ihre schrecklichen Klauen ausschlagen. Die Geschichte ist viel spannender, wenn Wendy sie vorliest. Sie hat sie schon mindestens zehn Mal vorgelesen und jedes Mal war es furchtbar spannend. Aber jetzt ...
Als Pieter und Peter plötzlich samt Stuhl umkippen, klappt Herr Max das Buch zu.
„Ihr hört ja gar nicht zu", sagt er sauer.
„Es ist nicht schön", sagt Ben.

„Du musst Stimmen nachmachen", sagt Rosa, „und es gruselig machen."

„Noch gruseliger?", fragt Herr Max. „Ich finde es gruselig genug."

„Du musst gruselig tun", sagt Pieter, „sonst kriegen wir keine Angst."

Dass Herr Max das nicht versteht! *Max und die Maximonster* muss supergruselig sein!

Herr Max legt das Buch zur Seite. „Ich habe eine Idee", sagt er. „Ich werde nicht vorlesen, ich werde euch eine spannende Geschichte erzählen. Das habe ich früher bei meiner Gruppe auch immer gemacht."

„Ja, erzählen!", ruft Mehmed.

„Zieht die Vorhänge zu", sagt Herr Max. „Und dann ma-

12

chen wir das Licht aus und zünden eine Kerze an. Wie findet ihr das?"

Großartig finden sie das!

Kurze Zeit später sitzen sie im Dunkeln im Licht einer einzigen Kerze um Herrn Max herum. Mit krächzender Gruselstimme fängt er an zu erzählen …

„Es war einmal ein Monster, ein scheußliches Monster. Es hatte siebzehn Köpfe und rollende Augen und grausame Klauen, mit denen es Kinder fing, kleine Kinder in einem Kindergarten …"

Es ist still im Raum, während Herr Max erzählt. Sehr, sehr still.

„Das Monster schlich sich in den Kindergarten", erzählt er mit seiner Gruselstimme. „Zum Glück war es dunkel im Raum, niemand konnte das Monster sehen …"

Ben hat Gänsehaut, er traut sich nicht, sich zu bewegen, so spannend findet er es.

„Da schlich das Monster unter den Tischen durch … schleich … schleich … Es suchte nach Kindern. Kinder, die es fangen konnte, Kinderleckerbissen … Ooooh, wie schrecklich, oooh, wie furchtbar …"

„Herr Max", sagt Wim mit dünner Stimme. „Kannst du die Vorhänge wieder aufmachen?"

„Herr Max!", flüstert Barbara. „Darf ich das Licht anmachen?"

Erstaunt hört Herr Max auf zu erzählen. „Was ist denn jetzt los? Habt ihr etwa Angst? Ihr wolltet doch, dass es gruselig ist!"

Niemand sagt etwas. Mucksmäuschenstill sitzen die Kinder in dem dunklen Raum. Ängstlich schaut Ben sich um. Hat er da nicht was gehört, dort unter dem Tisch?

Dann fragt er: „Herr Max, dürfen wir jetzt spielen?"

13

Schnürsenkel binden

Die Turnstunde ist vorbei. Im Flur ziehen die Kinder ihre Schuhe wieder an.

„Hier", sagt Ben. Er streckt Herrn Max seinen linken Fuß entgegen. „Du musst eine Schleife machen."

„Eine Schleife?", fragt Herr Max. „Das kannst du doch bestimmt schon selbst?"

„Nein", sagt Ben. „Das musst du machen."

„Bei mir auch", sagt Robin.

„Bei mir auch", sagt Mehmed.

Mindestens zehn Kinder strecken einen Fuß aus.

„Das kann doch nicht wahr sein!" Seufzend hockt Herr Max sich hin. Es dauert bestimmt eine Viertelstunde, bis alle Schnürsenkel gebunden sind. „Was für eine Arbeit!", klagt Herr Max. „Das mache ich nicht noch einmal, so viel steht fest. Ich werde euch jetzt zeigen, wie man sich die Schuhe zubindet."

Als sie wieder im Gruppenraum sind, müssen alle Kinder sich in den Kreis setzen.

„Jetzt passt mal auf", sagt Herr Max. „Ich mache vor, wie es geht, und dann macht ihr es nach."

Er beugt sich vor und fummelt ein wenig an seinen Schnürsenkeln herum. „Erst macht man einen Knoten, dann eine Schlaufe, noch eine Schlaufe und dann die Schleife", sagt er. „Kinderspiel, was?"

Ben schaut genau zu, es sieht schwierig aus.

„So, fertig", sagt Herr Max. „Jetzt ihr. Macht eure Schnürsenkel mal auf."

Alle Kinder tun, was er sagt. Sie machen die Schnürsenkel auf und versuchen eine Schleife zu binden. Genau wie Herr

Max fummelt Ben ein wenig an seinen Schnürsenkeln herum, aber es wird keine Schleife. Es ist viel zu schwierig. Und es macht gar keinen Spaß, wenn man es selber machen muss. Ben hat es lieber, wenn Herr Max hilft. Mama hilft auch immer, sie hat noch nie gesagt, dass Ben es selbst lernen muss.

Nur zwei Kindern gelingt es, eine schöne Schleife zu machen, bei allen anderen klappt es nicht.

„Na ja", sagt Herr Max, „dann versuchen wir es eben morgen noch einmal. Es ist Zeit, nach Hause zu gehen, zieht eure Jacken an."

Aber die Kinder sagen: „Unsere Schuhe sind offen. Du musst uns helfen, Herr Max."

Herr Max schlägt sich vor die Stirn, während er sich all die Schuhe mit den losen Schnürsenkeln anschaut. Leise vor sich hin meckernd hockt er sich wieder hin …

„Seht mal, was ich mitgebracht habe", sagt Herr Max, als die Kinder am Nachmittag alle wieder im Kindergarten sind.

Er holt eine große Tüte Lakritzschnecken aus seiner Tasche.

„Lecker!", rufen die Kinder.

„Ich will eine", ruft Ben.

„Einen Moment", sagte Herr Max. „Diese Lakritzschnecken sind eigentlich Schnürsenkel. Schaut mal!" Herr Max nimmt eine Schnecke und zieht sie in der Mitte auseinander. In der Hand hält er zwei Schnürsenkel aus Lakritz! Als er aus allen Schnecken Schnürsenkel gemacht hat, sagt er: „Diese Bänder sind nicht zum Aufessen, sondern für die Schuhe."

Was soll denn das werden?

„Los", sagt Herr Max. „Zieht alle eure echten Schnürsenkel aus euren Schuhen und nehmt stattdessen die Lakritz-Schnürsenkel."

Kichernd tun die Kinder, was Herr Max sagt. Es sieht lustig aus, all die Schuhe mit Lakritzschnürsenkeln.

„So", sagt Herr Max, „und jetzt werden wir Schuhe zubinden. Wer eine Schleife machen kann, darf seine Schnürsenkel aufessen."

Er macht noch einmal vor, wie es geht. Ben passt extragut auf, er freut sich schon auf seine Lakritzschnecke. Erst einen Knoten, dann eine Schlaufe und noch eine Schlaufe und dann eine Schleife. Es sieht plötzlich ganz einfach aus.

„Habt ihr's gesehen?", fragt Herr Max. „Jetzt ihr."

Ben versucht es nachzumachen und es klappt sofort. Sein Lakritzschnürsenkel ist eine Super-Schleife geworden. Und nicht nur Ben, nein, fast allen Kindern gelingt es jetzt. Beinahe alle Lakritzschnürsenkel werden Schleifen. Na ja, natürlich bleiben sie das nicht lange, denn gleich ziehen die

Kinder die Schleifen wieder auf, um die Lakritzschnecken endlich aufzuessen. Schmatzend schauen sie Herrn Max an. Der lächelt zufrieden.

„Ihr seid schon tolle Kinder", sagt er. „Ab jetzt könnt ihr eure Schuhe selbst zubinden und ich brauche euch nicht mehr zu helfen."

Und mit einem breiten Grinsen stopft er sich auch einen Lakritzschnürsenkel in den Mund.

Modderschloss

„Herr Max, dürfen wir Sand in den Wassertisch kippen?", fragt Ben.
Er spielt mit Rosa, weil Rosa jetzt wieder Bens Freundin ist. Pieter und Peter waren gemein zu ihr und jetzt will sie nie wieder mit den beiden spielen, hat sie Ben erzählt. Ben und Rosa wollen ein Modderschloss im Wassertisch bauen und das geht nicht ohne Sand.
„Sand in den Wassertisch?", fragt Herr Max, der Wim gerade bei einem Puzzle hilft. „Nein, Kinder, das wird eine wahnsinnige Sauerei."
„Bei Wendy dürfen wir das aber auch immer", verteidigt sich Ben.
„Ist das so?", fragt Herr Max. „Tja, wenn Wendy es erlaubt, dann erlaube ich es auch. Holt euch Sand aus dem Sandkasten und passt auf, dass ihr nichts verschüttet."
Es ist nicht wahr, dass Wendy das erlaubt, sie dürfen es nur manchmal, wenn das Wasser sowieso schon schmutzig ist. Aber das erzählt Ben Herrn Max lieber nicht.
Auf dem Spielplatz füllen Rosa und Ben einen Eimer mit Sand und tragen ihn herein. Der Eimer ist so schwer, dass sie ihn unterwegs zweimal fallen lassen, einmal im Flur und einmal im Gruppenraum. Mit beiden Händen schaufeln sie den Sand wieder in den Eimer und dann kippen sie ihn im Wassertisch aus. Das Wasser spritzt nach allen Seiten.
Ben rührt mit den Armen durch den Sand und das Wasser. Es wird ein ekliger, brauner Matsch. Braun ist keine schöne Farbe für ein Schloss.
„Herr Max?", fragt Rosa. „Dürfen wir Farbpulver durch den Matsch rühren? Wir wollen schöne Farben."

„Farbpulver durch den Matsch? Wie kommt ihr denn darauf?", fragt Herr Max, der noch immer puzzelt. Wim sitzt nicht mehr neben ihm, er spielt was anderes. Das Puzzle war zu schwierig.

„Das macht Wendy auch immer", sagt Ben.

Herr Max brummt ein wenig und fragt: „Ist das wirklich wahr?"

„Ja, Herr Max."

Nachdenklich sieht Herr Max Ben an.

„Na gut", sagt er. „Und kleckert bitte nicht so."

Ben muss leise kichern und Rosa auch. Farbpulver in den Matsch, das haben sie noch nie gemacht!

Sie leeren einen Topf rotes Pulver aus und fangen wieder an zu rühren. Ja, das ist eine tolle Farbe für ihr Schloss!

Der Matsch ist fertig, jetzt können sie bauen. Ben versucht einen Sandturm zu bauen, aber er sackt immer wieder zusammen, weil es in dem Wassertisch viel zu nass ist. Der Boden neben dem Wassertisch ist trocken, das ist ein besserer Platz für ein Schloss.

„Herr Max?", fragt Rosa. „Dürfen wir das Modderschloss auf dem Boden bauen?"

„Aha", murmelt Herr Max. „Endlich ein Teil, das passt." Er sieht von dem Puzzle auf und fragt: „Ein Modderschloss auf dem Boden? Muss das denn sein, gleich ist hier alles ein einziger Matsch."

„Aber Herr Max …", fängt Ben an.

Herr Max brummt was. „Wenn Wendy da ist, dürft ihr das bestimmt auch immer."

„Ja", sagt Ben. „Immer." Er platzt fast vor Lachen. Rosa auch. Was für ein tolles Spiel ist das!

„Baut dann mal schön", sagt Herr Max. Dann puzzelt er eifrig weiter.

Ben und Rosa fangen an zu bauen. Es wird ein großes, rotes Modderschloss mit Türmen und einer Zugbrücke. Neben dem Schloss stehen Modderhäuser und ein großer Modderstall für die Schlosspferde. Es sieht toll aus! Das Schloss ist fertig, Ben und Rosa können jetzt damit spielen.

Während sie in einer Kiste nach Pferden und Rittern suchen, rast Pieter auf einem Dreirad auf das Schloss zu. „Ich bin der Feind!", ruft er. „Ich schieße alle im Schloss tot!"

„Nein!", ruft Rosa. Aber es ist schon zu spät.

Verdattert schaut Ben zum Schloss. Nichts ist davon übrig, nur ein Berg roter Matsch.

Jetzt haben sie keine Lust mehr, am Wassertisch zu spielen.

„Komm", sagt Rosa. „Wir gehen in die Puppenecke."

„Moment mal!", ruft Herr Max, der das Puzzle endlich fertig hat. „Erst wird hier aufgeräumt, bevor ihr etwas anderes macht."

Ben und Rosa sehen sich den schmutzigen Fußboden an. Aufräumen? Nein, dazu haben sie eigentlich keine Lust.

„Herr Max", sagt Rosa, „Wendy hat mir verboten, Matsche aufzuräumen. Dann mache ich mich schmutzig und dann wird Wendy böse."

Ben und Rosa gehen einfach zur Puppenecke.

Leider kommt Herr Max hinter ihnen her. Er fasst die beiden Kinder am Arm. „Jetzt hört mal zu, ihr kleinen Schwindler", sagt er streng. „Das Spiel ist vorbei. Aufräumen, und zwar dalli."

Mit großen Augen schaut Ben ihn an. „Ja, Herr Max", sagt er brav.

„Ja, Herr Max", sagt auch Rosa.

Gehorsam fangen sie an den Matsch aufzuwischen.

Der neue Bollerwagen

„Los, schnell", sagt Rosa zu Ben, „sonst hat ihn jemand anders vor uns."
Blitzschnell ziehen die beiden Kinder ihre Jacken an und rennen durch den Gang zum Spielplatz.
„Nicht so wild!", ruft Herr Max ihnen noch nach, aber das hören sie schon nicht mehr. Auf dem Spielplatz steht ein neuer Bollerwagen und damit wollen Ben und Rosa spielen. Es ist ein wunderschöner roter Bollerwagen mit glänzenden Rädern und einer Hupe. Herr Max hat ihn gestern gekauft und es hat noch keiner damit gespielt.
Den ganzen Morgen haben Ben und Rosa den Wagen durch das Fenster bewundert, sie konnten es kaum erwarten, endlich raus zu dürfen. Das Vorlesen dauerte heute Morgen furchtbar lange. Zum Glück war die Geschichte dann end-

lich aus und jetzt rennen Ben und Rosa stolpernd zur Tür. Schnell, schnell auf den Spielplatz.

Aber so schnell sie auch laufen, sie sind zu spät. Auch Pieter und Peter sind nach draußen gegangen und auch sie wollen mit dem Bollerwagen spielen. Pieter ist größer als Ben und Rosa und kann deshalb besser rennen. Schnell setzt er sich auf den Wagen.

„Abfahrt!", ruft er Peter zu. Der nimmt das Tau, das an dem Wagen festgemacht ist, und zieht ihn über den Spielplatz.

Wie schade, dass sie zu spät sind. Wäre Ben doch nur schon größer!

„Tut-tut!" Pieter kneift in die Hupe. „Zur Seite, sonst fahre ich euch platt!"

Gehorsam treten Ben und Rosa zur Seite. Sie setzen sich auf den Rand vom Sandkasten und schauen dem Bollerwagen nach.

Langsam fährt er über den Spielplatz. „Schneller!", kommandiert Pieter.

Aber der Wagen ist schwer und Pieter auch. Peter strengt sich sehr an, doch er schafft es nicht, schneller zu ziehen.

„Tut-tut! Tut-tut!", macht die Hupe.

Mit großen Augen schauen Ben und Rosa zu. Was für ein toller Wagen, wie gerne würden sie damit spielen!

Ben steht auf und geht zu Pieter. „Dürfen wir mitspielen?", fragt er.

„Nein, ich spiele schon mit Peter", sagt Pieter. „Heja, Pferdchen, heja!"

„Ich bin kein Pferd", sagt Peter wütend, „ich bin der Chauffeur."

Ben geht zum Sandkasten zurück. Rosa ruft Pieter zu: „Wir wollen ja gar nicht mit euch spielen! Gleich dürfen wir auf den Bollerwagen und dann dürft ihr nicht mitspielen!"

„Ja und?", ruft Pieter zurück.

Rosa sagt nichts mehr. Still sitzt sie neben Ben und wartet.

Das Warten dauert lange. Der Bollerwagen mit Pieter darauf fährt eine Runde um den Sandkasten und dann eine Runde um das Klettergerüst, in dem Mehmed gerade hängt, und dann noch eine Runde um das Klettergerüst. Die ganze Zeit muss Peter ziehen.

„Tut-tut!"

Ben hat eine Idee. Er geht zu Herrn Max, der im Sandkasten sitzt und Susan hilft eine tiefe Kuhle zu graben.

„Herr Max", sagt er, „wir wollen so gerne auf den Bollerwagen."

„Gleich", sagt Herr Max, während er eine Schaufel Sand durch die Luft wirft. „Wenn Pieter und Peter fertig sind, dann dürft ihr."

„Aber wir wollen so gerne jetzt."

„Geduld, Ben", sagt Herr Max, „du musst warten, bis du dran bist. Das weißt du doch? Spiel solange mit was anderem."

Ja, Ben weiß es. Alle müssen immer schön warten, bis sie an der Reihe sind, sonst wird Herr Max sauer.

Ben sieht sich um. Nirgendwo sieht er etwas anderes, mit dem er spielen möchte. Rosa und er wollen nur auf den Bollerwagen.

Ben setzt sich wieder auf den Rand vom Sandkasten. Plötzlich sieht er, dass Peter stolpert. Völlig außer Atem bleibt er stehen. Der Wagen steht still und Pieter klettert herunter. Zum Glück!

„Los!", sagt Rosa zu Ben.

„Mehmed!", ruft Pieter. „Du darfst auf den Bollerwagen."

Blitzschnell klettert Mehmed vom Klettergerüst und rennt zum Bollerwagen. Oh nein, jetzt sind Ben und Rosa schon wieder zu spät.

„Das ist gemein!", ruft Rosa.

Und Ben sagt bedrückt: „Wir durften doch jetzt?"

„Nein, Mehmed darf jetzt", sagt Pieter. „Mehmed ist mein Freund."

Er grinst gemein und geht weg.

„Barbara!", ruft Mehmed quer über den Spielplatz. „Du darfst mitspielen!"

Traurig dreht Ben sich um. Er hat keine Lust noch länger zu warten, bis er an der Reihe ist, er spielt lieber im Sandkasten.

Aber Rosa ist wütend. „Du bist gemein!", ruft sie Pieter nach. Sie greift nach dem Tau des Bollerwagens und zieht mit beiden Händen so fest sie kann. Mehmed fällt vom Wagen auf die Knie. Vor Schreck rennt er weg.

Der Bollerwagen ist jetzt leer und Rosa setzt sich darauf.

„Jetzt dürfen wir", sagt sie zufrieden.

„Ja", sagt Ben, „jetzt dürfen wir." Er nimmt das Tau und zieht Rosa auf dem schönen roten Bollerwagen über den Spielplatz.

„Tut-tut! Tut-tut!"

Milch mit Tieren

„So, Kinder, trinkt eure Milch schnell aus. Wir haben heute noch mehr zu tun."

Die Kinder sitzen schon seit einer Viertelstunde im Stuhlkreis. Herr Max hat zwei Geschichten vorgelesen und noch immer hat fast keiner die Milch ausgetrunken. „Ich habe meinen Kaffee schon lange leer, macht mal ein bisschen schneller, ja?", sagt er. „Dann können wir rausgehen."

Herr Max ist vielleicht ungeduldig! Ben strengt sich wirklich sehr an, aber in so einer Milchtüte ist viel Milch und es dauert nun einmal lange, bevor sie leer ist. Herr Max hat einen größeren Bauch als die Kinder, logisch, dass er schneller trinken kann.

Hastig saugen die Kinder an ihren Strohhalmen.

Herr Max stellt das Vorlesebuch zurück in den Schrank, räumt seinen Tisch auf und geht zur Fensterbank, um verwelkte Blätter von den Pflanzen zu pflücken. Danach dreht er sich um und sieht die trinkenden Kinder an.

„Puh", knurrt er. „Wenn ihr so rumtrödelt, wird die Milch sauer. Dann schmeckt sie nicht mehr und man kann sie nicht mehr trinken. Dann müssen wir sie weggießen und das ist schade."

Was sagt Herr Max denn jetzt schon wieder?, denkt Ben. Sauer? Wird die leckere Milch sauer, wenn die Kinder sich nicht beeilen?

Er macht bestimmt nur Spaß.

„Ich mache wirklich keinen Spaß", sagt Herr Max. „Wenn man Milch zu lange aufbewahrt, wird sie sauer, das stimmt wirklich. Trinkt also so schnell, wie ihr könnt, ja? Dann gehen wir draußen schön spielen."

Das verstehen die Kinder nicht. Wie kann Milch schlecht werden, wenn man langsam trinkt?

„Das kommt durch die vielen kleinen Tiere, die in der Milch sind", erklärt Herr Max. „Die schwimmen in der Milch und machen sie sauer."

Entsetzt schaut Ben seine Milchtüte an. Tiere in der Milch?

„Winzig kleine Tiere", sagt Herr Max, „so klein, dass man sie nicht sehen kann. Das ist nichts Ungewöhnliches, die Tiere gehören in die Milch. Sie wohnen dort."

„Herr Max", sagt Barbara, „ich mag keine Milch mit Tieren."
Mit einem Knall stellt sie ihre Milchtüte auf den Tisch.

„Ich mag auch keine Milch mit Tieren", sagt Ben und stellt seine Milchtüte auch weg. Die anderen Kinder machen es ihnen nach. Sie hören alle auf zu trinken. Tiere in der Milch, igitt!

„Seid nicht so albern", sagt Herr Max. „Es sind keine echten Tiere, es sind kleine Kribbeldinger, man schmeckt nichts davon."

„Ich mag keine Milch mit Kribbeldingern", sagt Rosa.

Herr Max kratzt sich am Kopf und setzt sich wieder zu den Kindern. „Hätte ich doch bloß nichts gesagt", murmelt er. „Kinder, stellt euch nicht so an, davor braucht ihr keine Angst zu haben. Seht mal, was ich mache."

Er nimmt eine übrig gebliebene Milchtüte, steckt einen Strohhalm in die Öffnung und nimmt einen großen Schluck. „Hmmmh!", sagt er, „das ist vielleicht leckere Milch. Seht ihr, nichts passiert. Jetzt ihr."

Aber was Herr Max auch sagt oder tut, niemand will noch Milch trinken. Alle Kinder gucken ihre Milchtüten mit Tieren und Kribbeldingern angeekelt an.

„Ich geb's auf", sagt Herr Max seufzend. „Lasst die Milch stehen und zieht eure Jacken an. Wir gehen raus."

Alle Kinder springen auf und rennen in den Flur. Sobald Ben draußen ist, spuckt er einen großen Klecks Milch mit Tieren auf den Spielplatz. Pfui, die Tiere schmecken vielleicht eklig! Ben will nie mehr Milch trinken. Nie, nie, nie mehr.

Robin

„Ich will nicht neben Robin sitzen", sagt Pieter. „Der stinkt."
„Pieter!", sagt Herr Max streng. „So was sagt man nicht."
„Er stinkt nach Pipi!", behauptet Pieter.
„Jetzt reicht's", sagt Herr Max. „Los, hinsetzen."
Er nimmt Pieter am Arm und drückt ihn auf den Stuhl neben Robin.
Herr Max schnüffelt. „Ja", sagt er, „du riechst wirklich ein wenig unangenehm, Robin. Hast du in die Hose gemacht?"
Robin fängt an zu weinen. „Nein", schluchzt er. „Ich habe ins Bett gemacht."
Ein paar Kinder fangen an zu lachen.
„Was für ein Baby", sagt Tamara.
„Kinder, aufhören!", sagt Herr Max. „Ins Bett gemacht? Und du hast immer noch deine nasse Hose an?"

„Nein", sagt Robin, „ich habe eine trockene Hose an."

„Hast du heute Morgen denn nicht geduscht?", fragt Herr Max.

Robin schüttelt den Kopf. „Mama hatte keine Zeit, sie musste zur Arbeit."

„Ach, Junge!", sagt Herr Max. Er streichelt Robin über den Kopf.

„Robin stinkt immer", sagt Rosa. „Er hat nie saubere Sachen an."

„Wohl!", sagt Robin.

„Nicht!", sagt Rosa.

„Wohl, wenn Mama Zeit hat", sagt Robin.

„Und Papa?", fragt Herr Max.

„Papa ist weg", sagt Robin.

„Sie sind geschieden", sagt Ben. Er weiß es genau, er hat gehört, wie seine Mutter es gesagt hat.

Herr Max schüttelt den Kopf. „Kommt und setzt euch alle mal in den Stuhlkreis", sagt er. Er guckt so ernst dabei, dass alle still tun, was er sagt.

„Jetzt hört mir mal zu", sagt er. „Ich finde, dass ihr nicht lieb zu Robin seid. Es ist doch nicht schön, dass sein Papa woanders wohnt?"

Nein, das ist nicht schön, findet Ben. Er tobt immer mit Papa, wenn er von der Arbeit nach Hause kommt. Dann kämpfen sie und Ben kitzelt Papa, bis Papa „Gnade!" ruft. Das macht Spaß! Aber das würde nicht gehen, wenn Papa nicht zu Hause wohnen würde.

„Und Robins Mutter muss hart arbeiten", sagt Herr Max. „Darum hat sie ab und zu keine Zeit, Robin eine frische Hose anzuziehen. Das riecht nicht lecker, aber das findet Robin selbst auch nicht schön, was, Robin?"

„Nein", sagt Robin. „Heute Nachmittag kommt Tante Jannie."

„Sieh mal an", sagt Herr Max. „Weißt du was, dann fragen wir Tante Jannie heute Nachmittag, ob du unter die Dusche kannst. Und dann bekommst du eine saubere Hose und morgen im Kindergarten riechst du von uns allen am leckersten, einverstanden?"

„Ja!", sagt Robin.

„Ich habe auch oft zu viel zu tun", sagt Herr Max. „Dann habe ich nicht mal Zeit mich zu rasieren. Dann habe ich Stoppeln im Gesicht, die piksen, und niemand will mir ein Küsschen geben. Aber ich fände es sehr schlimm, wenn andere Leute dann gemein zu mir wären."

Nein, das fände Ben auch nicht schön. Papa hat auch manchmal Stoppeln, aber dann ärgert Ben ihn nicht. Papa ist lieb und es macht nichts, dass er ab und zu pikst.

„Ihr wollt doch auch nicht, dass andere Kinder gemein zu euch sind und euch hänseln?", fragt Herr Max die Kinder.

„Nein", rufen die Kinder.

„Hört ihr dann auf, Robin zu hänseln?"

„Ja, Herr Max."

„Gut", sagt Herr Max. „Dann können wir jetzt spielen. Wer will an der Tafel malen?"

„Ich!"

„Ich!"

Kurze Zeit später spielen alle. Nur Robin sitzt noch immer auf seinem Stuhl. Niemand spielt mit ihm. Weil, na ja, vielleicht riecht er morgen ja lecker, aber jetzt riecht er immer noch nach Pipi.

„Komm mal her zu mir, Robin", sagt Herr Max, „dann gucken wir zusammen ein Buch an."

„Au ja!", sagt Robin und drückt sich eng an Herrn Max.

Blind

Mit geschlossenen Augen rennt Mehmed durch den Raum. Bamm! Er stößt gegen den Maltisch. Bumm! Er stößt gegen die Tafel.

„Mehmed, nicht so wild", sagt Herr Max, der an seinem Tisch sitzt und schreibt.

„Ich bin blind!", sagt Mehmed und rennt mit geschlossenen Augen weiter. Patsch! Susans Puppenwagen fällt um. Wütend gibt Susan ihm einen Klaps.

„Ich bin blind", sagt Mehmed, „du darfst mich nicht schlagen." Toll!, denkt Ben. Er will auch blind sein. Sofort kneift er die Augen zu und rennt auch durch den Raum.

Heute Morgen hat Herr Max von Menschen erzählt, die blind sind. Es macht Spaß, so zu tun, als wenn man nichts sehen kann.

Vorsichtig geht Ben ein paar Schritte. Es ist komisch, im Dunkeln durch den Raum zu gehen. Ben wird ein wenig schwindelig davon. Mit einer Hand tastet er sich vor, sodass er nirgendwo gegen stößt. Das machen echte blinde Menschen auch, hat Herr Max erzählt. Ben fühlt einen Wollpulli und hört, dass jemand kichert. „Du kitzelst!"

Ben macht die Augen einen kleinen Spalt auf. Es ist Rosa.

„Aus dem Weg!", ruft er. „Ich bin blind." Ben kneift die Augen wieder zu.

„Herr Max", fragt Rosa, „darf ich auch blind sein?"

Bevor Herr Max antworten kann, hat Rosa die Augen schon zu. Sie streckt die Hände nach Ben aus und kitzelt ihn im Gesicht. Schnell dreht Ben sich um und geht weiter. Oh, das muss Susans Puppenwagen gewesen sein. Auch er bekommt einen Klaps.

„Ich will auch blind sein!", hört er Wim sagen.

Bald hört Ben viele schlurfende Füße um sich. Eine Menge Kinder schieben sich langsam durch den Raum. Sie stoßen gegen Stühle und Schränke, knallen zusammen und stolpern. Puzzles fallen auf den Boden, ein Glas mit schmutzigem Wasser und Pinseln kippt um, eine Pflanze wird aus Versehen von der Fensterbank gestoßen. Es ist wirklich ein tolles Spiel.

Herr Max findet das Spiel nicht so toll. „Kinder, seid vorsichtig", sagt er. „Gleich passiert ein Unglück und dann ist hier wieder der Bär los."

Patsch! Da knallt Ben gegen jemanden. Er blinzelt und sieht, dass es Pieter ist. Pieter grinst und stößt ihn zurück. Danach

stößt Ben mit Rosa zusammen und Rosa mit Alexander und … na ja, dann stoßen plötzlich alle mit halb geschlossenen Augen gegeneinander, als wenn sie beim Autoscooter auf der Kirmes wären. Bamm! Bamm! Bamm! Immer schneller und fester.

Au! Mehmed knallt ganz fest gegen Ben. Das tut weh. Ben stößt fest zurück. Mehmed fällt auf Tamara, die spielt, dass sie ein blinder kleiner Hund ist. Tamara fängt an zu weinen, Mehmed auch.

Ein paar Schritte weiter stoßen Wim und Robin mit den Köpfen gegeneinander und fangen auch an zu weinen. Laut schluchzend reiben sie sich die Stirn.

Vier weinende Kinder machen eine Menge Lärm. Kopfschüttelnd schaut Herr Max auf.

„Was macht ihr wieder für einen Krach!", stöhnt er, während er seinen Stift hinlegt. „Manchmal wünschte ich mir, dass ich taub wäre, dann bräuchte ich das Spektakel nicht zu hören."

Taub!, denkt Ben. Das ist auch eine gute Idee! Wenn man taub ist, kann man nichts hören. Das ist ein noch besseres Spiel als blind zu sein. Sofort hält Ben sich die Ohren zu. „Ich bin taub!", ruft er.

Die anderen Kinder, die inzwischen alle die Augen wieder geöffnet haben, sehen, was Ben macht. Sie hören auf zu weinen und drücken die Hände gegen die Ohren. Lachend sehen sie sich an.

Nur Herr Max lacht nicht.

„Kinder, jetzt reicht's aber. Ihr spielt jetzt nicht mehr blind. Räumt den Rummel auf und setzt euch in den Stuhlkreis, und zwar ein wenig zügig."

Aber niemand räumt auf und niemand setzt sich in den Kreis.

„Habt ihr mich nicht gehört?", brummt Herr Max.

Er bekommt keine Antwort. Natürlich hat niemand ihn gehört, die Kinder sind ja schließlich taub.

„Gut", sagt Herr Max, „wenn ihr so gerne taub sein wollt, bitte sehr. Ich wollte gerade ein besonders spannendes Buch vorlesen, aber wenn ihr taub seid, dann geht das natürlich nicht."

Vorlesen? Will Herr Max vorlesen?

„Herr Max, ich bin nicht mehr taub!", sagt Ben. Er rennt zu seinem Stuhl und setzt sich in den Kreis. Die anderen kommen auch.

Wieder schaut Herr Max kopfschüttelnd um sich. Er sieht zwanzig Kinder, die ruhig warten, bis das Vorlesen anfängt.

„Rasselbande", murmelt er und schiebt seinen Stuhl dann auch in den Kreis.

Die tote Taube

Was ist denn da los?, denkt Ben. Vor einem Strauch am Rande vom Spielplatz hocken Pieter und Peter und gucken auf den Boden. Ben rennt zu ihnen. Wenn da etwas Schönes ist, will er es auch sehen.

Aber es ist nichts Schönes, was Pieter und Peter sich ansehen, es ist etwas Ekliges. Auf dem Boden, halb unter dem Strauch, liegen hunderte kleiner Federn. Und mitten zwischen den Federn liegt eine Taube, eine tote Taube. Sie liegt auf dem Rücken. Ihre Augen sind geschlossen. Ihr Bauch ist kaputt, graue dicke Fäden und Kugeln quellen daraus hervor.

„Igitt!", sagt Ben. Die Taube sieht ekelhaft und unheimlich aus. Eine Kralle ragt aus ihrem Bauch, die andere Kralle fehlt. Sie liegt ein Stückchen weiter zwischen den Federn.

Pieter schaut zu Ben. „Sie ist tot", sagt er.

Ja, das weiß Ben auch. Es sieht seltsam aus, all die Fäden und Kugeln, die aus dem Bauch der Taube heraushängen. Ben findet es eklig und muss trotzdem hinsehen.

„Das hat eine Katze gemacht", sagt Peter.

Pieter nimmt einen Stock und sticht der Taube damit in den Bauch. Sofort springen noch viel mehr glitschige Fäden und Kugeln hervor. Der Kopf der Taube bewegt sich. Vor Schreck lässt Pieter den Stock fallen und rennt weg. Peter und Ben rennen schreiend hinter ihm her. Erst als sie in Sicherheit am Sandkasten angekommen sind, wo Herr Max mit Alexander Sandtorten backt, bleiben sie stehen.

„Hast du das gesehen!", flüstert Pieter aufgeregt. „Sie lebt noch!"

„Ja!", sagt Ben. Er sieht sich nach der Taube um, aber die ist

jetzt so weit weg, dass Ben nicht sehen kann, ob sie sich bewegt.

„Was macht ihr denn so?", fragt Herr Max.

„Wir spielen", sagt Peter.

„Dann ist es ja gut", sagt Herr Max und backt noch eine Sandtorte.

Schritt für Schritt gehen die drei Jungen zurück zu den Sträuchern, ganz vorsichtig. Sie stellen sich vor, dass die Taube plötzlich wegfliegt, mit all den ekligen Dingern, die aus ihrem Bauch baumeln. Furchtbar!

Aber das Tier bleibt bewegungslos liegen.

Pieter nimmt den Stock und sticht noch einmal in den Bauch. Nichts passiert.

„Jetzt ist sie echt tot", sagt Peter.

Ben hockt sich hin, um sich die glibberigen Fäden und Kugeln noch mal genau anzusehen. So eine Taube sieht vielleicht komisch aus von innen. Über ihren Bauch kriecht eine dicke, schwarze Fliege. Die Fliege reibt ihre Beine gegeneinander und kriecht durch das Loch in den Bauch.

Was macht sie jetzt? Ben beugt sich weiter vor, um besser sehen zu können.

Plötzlich tritt Peter gegen die Taube. Das tote Tier überschlägt sich einmal und noch einmal und die Fäden und Kugeln rollen mit. An der Stelle, an der die Taube lag, ist jetzt eine Blutlache. Ben springt hoch und schreit vor Schreck auf.

„Blödmann!", ruft er.

Peter lacht ihn aus. „Haha, du hast Angst!"

„Wir müssen sie begraben", sagt Pieter. „Dann kommt sie in den Himmel."

Ben weiß nicht genau, was der Himmel ist, aber dass man jemanden, der tot ist, begraben muss, das weiß er. Die Nachbarin ist auch tot und wurde auch begraben. Sie liegt in einer Kuhle in der Erde, hat Mama erzählt.

„Wir begraben sie im Sandkasten", sagt Pieter.

„Ja!", sagt Ben. Er will sofort eine Schaufel suchen, aber dann ruft Herr Max: „Alle reinkommen!"

„Wir machen es heute Nachmittag", sagt Pieter, „wenn wir wieder draußen spielen dürfen."

Während alle Kinder drinnen spielen, muss Ben die ganze Zeit an die tote Taube denken. Er schaut durchs Fenster, aber er kann die Taube nicht sehen. Die Stelle, an der sie liegt, ist zu weit weg.

Am Nachmittag rennen Ben, Pieter und Peter gleich zu den Sträuchern.

Aber die Taube ist verschwunden. Zwischen den Federn unter dem Strauch liegt nur noch die Kralle, eine kleine rosafarbene Kralle mit krummen Zehen und weißen winzigen Nägeln.

„Sie ist schon im Himmel", sagt Pieter.

„Oh", sagt Ben. Dann steht er auf. Er muss Mama gleich fragen, was das ist, der Himmel.

Ein Bild für Wendy

„Schön still sitzen bleiben, ja?", sagt Herr Max, „sonst wird das Bild nicht gut."
Herr Max malt ein Bild von den Kindern für Wendy, die kranke Kindergärtnerin. Das kann sie sich übers Bett hängen.
„Wann kommt Wendy wieder?", wollte Susan heute Morgen wissen.
„Vorläufig nicht", antwortete Herr Max, „der Doktor sagt, dass sie noch immer im Bett bleiben muss. Schlimm, was?"
Ja, schlimm, findet Ben. Aber für die Kinder ist es auch schlimm. Sie wollen, dass Wendy zurückkommt. Sie ist jetzt schon so lange nicht im Kindergarten gewesen! Herr Max ist lieb, aber sie vermissen ihre eigene Kindergärtnerin.
„Ich habe eine Idee", sagte Herr Max dann. „Ihr malt heute alle ein ganz tolles Bild für Wendy. Da wird sie sich freuen. Malt lauter fröhliche Bilder, dann wird sie auch fröhlich. Ich besuche sie heute Nachmittag, dann kann ich eure Bilder mitnehmen."
Die Kinder machten sich sofort an die Arbeit. Fast alle malten eine Sonne oder einen Clown, etwas Fröhlicheres gibt es nämlich nicht. Herr Max setzte sich an seinen Tisch, mit einer Tasse Kaffee und einem Stapel Papiere, die er lesen muss.
„Das darf doch nicht wahr sein", murmelte er, „was für ein dicker Stapel. Das muss ich alles lesen!" Er schob die Papiere zur Seite, schaute in die Gruppe und sagte: „Ich werde auch ein Bild für Wendy malen."
Alle Kinder guckten ihn an.
„Hört mal zu", sagte Herr Max. „Ich werde ein Bild von

euch malen, ein wunderbares Bild von der Igelgruppe und das schenke ich Wendy. Das kann sie sich übers Bett hängen und dann kann sie euch den ganzen Tag ansehen. Das ist eine tolle Idee! Hört mal auf zu malen und setzt euch her."
Aufhören? Die Kinder hatten doch gerade erst angefangen!
„Dann macht ihr eben gleich weiter", sagte Herr Max, „erst alle herkommen, es ist ganz schnell fertig."

Und da sitzt die Igelgruppe nun in zwei Reihen, zehn Kinder auf Stühlen und zehn Kinder auf dem Boden, wie eine Fußballmannschaft, die fotografiert wird.
„So", sagt Herr Max, „mal sehen. Erst eure Köpfe."
Auf seinem Schoß liegt ein Zeichenblock und neben ihm auf dem Tisch eine Schachtel mit Buntstiften. Ben sieht, dass Herr Max Kreise auf das Papier zeichnet.
„Seht mal", sagt Herr Max und hält den Bogen hoch. „Das sind eure Köpfe. Schön, was?"
Ben schaut. Die Kreise sehen gar nicht aus wie Köpfe, findet er, sie sehen aus wie Kreise.
„Das muss so sein", sagt Herr Max. „Erst sehen sie aus wie ganz normale Kreise und später werden es eure Köpfe. Stillsitzen jetzt, sonst misslingt das Bild."
Und Herr Max malt weiter. Er nimmt einen Buntstift nach dem anderen. Er kritzelt und malt und radiert und murmelt: „Wie schön! Das wird ein superschönes Bild!"
„Herr Max", fragt Mehmed, „wann dürfen wir wieder malen?"
„Quengel nicht so", sagt Herr Max. „He, wo ist mein lila Buntstift?"
Ben schaut aus dem Fenster. Die Bienengruppe von Mieke spielt draußen. Er würde auch gerne draußen spielen. Das Wetter ist schön, richtiges Sandkastenwetter.

„Ein wenig Geduld noch, ich muss mal eben einen lila Buntstift suchen", sagt Herr Max. „Sonst kann ich Barbaras Hose nicht nachmalen." Er geht zu dem Schrank, in dem die Buntstifte liegen. Endlich findet er einen lila Buntstift und kann weitermalen.

Ben fühlt, dass sein Bein sticht. Er sitzt im Schneidersitz auf dem Boden, und wenn er lange im Schneidersitz sitzt, wollen seine Beine das nicht mehr. Dann fangen sie an zu stechen. Dagegen hilft nur eins: aufstehen und hin- und herlaufen.

Aber Ben darf nicht aufstehen, hat Herr Max gesagt, und hin- und herlaufen erst recht nicht, das Bild ist nämlich noch immer nicht fertig. Pfeifend malt Herr Max weiter, während die Kinder immer ungeduldiger werden …

Die Bienengruppe ist schon lange nicht mehr draußen. Ein paar Wolken haben sich vor die Sonne geschoben und es fängt ein wenig an zu regnen. Am Zaun stehen ein paar Mütter und warten auf ihre Kinder. Und endlich sagt Herr Max: „Fertig!"

Das wurde aber auch Zeit! Die Kinder springen auf und rennen zurück zu ihren angefangenen Bildern.

Herr Max bleibt sitzen. Er hält sein Bild hoch und sieht es sich lange an.

„Was für ein Bild!", sagt er. „Was für ein wahnsinnig schönes Bild! Habt ihr jemals so ein wunderbares Bild gesehen? Ich kann supertoll malen, ich habe Talent, ich bin ein Künstler!"

Er zeigt allen Kindern das Bild. Es ist ein ganz normales Bild mit Männchen darauf. Die Männchen sehen noch immer nicht aus wie die Kinder von der Igelgruppe. Die haben übrigens keine Zeit sich die Männchen lange anzusehen: Sie müssen schnell an ihren eigenen Bildern weitermalen. Sonst sind sie nicht fertig, wenn sie nach Hause müssen.

Herr Max sitzt noch immer auf seinem Stuhl und hält das Gruppenbild in der Hand. Er sagt: „Dieses wundervolle Bild gebe ich Wendy nicht, ich bringe es einfach nicht übers Herz! Ich finde es zu schön, ich behalte es selbst. Ich hänge es im Gruppenraum an die Wand, dann können die Mütter und Väter es auch sehen. Gute Idee, was?"

Er steht auf und hält das Bild gegen die Wand über dem Tisch.

„Wo soll ich es aufhängen? Hier? Los, helft mir doch mal. Findet ihr das eine gute Stelle? Oder hier? Soll ich es hier aufhängen?"

Aber niemand hört Herrn Max zu, alle malen wie wild. Die Kinder sehen zur Uhr. Noch ein paar Minuten, dann muss das Geschenk für die arme kranke Kindergärtnerin fertig sein …

Herr Max will mitspielen

Es ist still im Gruppenraum. Draußen regnet es in Strömen, Regentropfen klopfen gegen das Fenster. Durch einen Spalt rinnt ein kleiner Wasserstrahl auf die Fensterbank. Drinnen spielen alle Kinder ruhig in der Puppenecke, am Maltisch oder mit Kleidern aus der Verkleidungskiste. Ben liegt in der Kuschelecke auf einem Kissen und schaut sich ein Bilderbuch an. Alle haben was zu tun, nur Herr Max tut nichts. Er sitzt an seinem Tisch und schaut sich um.

„Ihr seid heute so lieb", sagt er, „so still habe ich euch ja noch nie gesehen." Er bekommt keine Antwort, die Kinder sind zu beschäftigt, um mit Herrn Max zu reden.

Ben schlägt die Seite um. In seinem Buch ist eine Raupe, die alles auffrisst, was sie sieht. Ben kennt die Geschichte gut, Wendy hat sie oft vorgelesen. Es macht Spaß, jetzt selbst in dem Buch zu blättern. Es ist, als wenn Ben lesen kann, weil er genau weiß, was in der Geschichte passiert.

Herr Max steht auf und geht zum Maltisch.

„Alles in Ordnung hier?", fragt er. „Soll ich euch helfen?"

Mehmed sieht zu ihm auf. „Nein, Herr Max, du brauchst uns nicht zu helfen." Und Mehmed malt weiter.

„Oh", sagt Herr Max. „Ja, gut." Zögernd verläßt er den Maltisch.

Die Raupe in Bens Buch isst erst einen Apfel, dann zwei Birnen und dann drei Pflaumen. Die Seiten im Buch werden immer größer und der Bauch der Raupe wird immer voller. In den Seiten sind Löcher, durch die Ben die Finger steckt. Wenn Wendy vorliest, darf er das nie. „Davon geht das Buch kaputt", sagt sie immer. Aber jetzt darf er es wohl, weil niemand da ist, der es sieht.

44

Herr Max ist zur Puppenecke gegangen. „Was spielt ihr?", fragt er.

„Krankenhaus", antwortet Rosa. „Alle Puppen sind krank und ich bin der Doktor und Barbara ist die Schwester."

„Wie schlimm, dass sie krank sind!", sagt Herr Max. „Soll ich den Puppen eine Spritze geben?"

„Sie haben schon eine Spritze bekommen", sagt Barbara und beugt sich über ein Bett, in dem eine Puppe liegt.

„Oh", sagt Herr Max. „Dann spielt mal schön weiter."

Vier Erdbeeren isst die hungrige Raupe noch und auch noch fünf Apfelsinen. Logisch, dass sie gleich Bauchweh kriegt, denkt Ben. Ihr Bauch ist zu klein für das ganze Essen. Aber das Schönste passiert noch! Fröhlich schlägt Ben wieder eine Seite um.

Inzwischen steht Herr Max am Puzzletisch und schaut Wim zu.

„Ui", sagt er zu Wim, „da hast du dir aber ein schwieriges Puzzle ausgesucht. Soll ich dir helfen die passenden Teile zu finden?"

„Nein, dann macht es keinen Spaß!", sagt Wim. „Ich kann es selbst!"

„Komm nur", sagt Herr Max, „ich helfe dir gerne."

Wim legt beide Arme beschützend um sein Puzzle. „Ich will es alleine machen!"

Ah, jetzt kommt die allerschönste Seite, sieht Ben. Die Raupe isst allerlei leckere Dinge: Eis und Kuchen und Wurst und noch mehr Kuchen und sogar einen Lutscher. Oh, oh! Schau nur, wie viel Bauchweh die Raupe hat! Arme Raupe! Sie isst ein Blatt auf und das tut ihr gut.

„Liest du schön, Ben?", fragt Herr Max. „Was für ein Buch hast du da?"

Ben zeigt ihm das Buch.

Die kleine Raupe Nimmersatt", liest Herr Max. „Toll, soll ich dir vorlesen?"

Aber Ben will nicht, dass Herr Max vorliest. Er liegt gerade so gemütlich da und liest selbst.

„Kinder, was habt ihr denn bloß?", sagt Herr Max ein wenig verärgert. „Darf ich denn niemandem helfen?"

Wieder bekommt er keine Antwort, die Kinder haben noch immer keine Zeit für ihn.

„Ich finde es heute langweilig hier", brummt Herr Max. „Ich habe nichts zu tun."

Traurig geht er zu seinem Tisch zurück, setzt sich wieder hin und schaut ins Leere.

Da! Die Raupe baut sich ein Haus. Sie legt sich in das Haus und will schlafen. Nach einer Weile knabbert sie ein Loch in das Haus und dann kriecht plötzlich ein wunderschöner Schmetterling heraus. Die Raupe Nimmersatt hat sich in ei-

nen Schmetterling verwandelt, in den schönsten Schmetterling der Welt! Aus.
Zufrieden klappt Ben das Buch zu und legt sich auf den Rücken in die Kissen. Was für ein schönes Buch, fast genauso schön wie *Max und die Maximonster*.

Die Mutter von Herrn Max

„Herr Max", fragen Ben und Rosa, „dürfen wir gleich beim Blumengießen helfen?"

Das dürfen sie öfter. Wenn der Kindergarten aus ist und alle anderen Kinder weg sind, bleiben sie manchmal noch eine Weile, um Herrn Max zu helfen. Rosa wohnt genau wie Ben ganz in der Nähe vom Kindergarten und ihre Mutter holt sie auch nur selten ab.

Helfen macht Spaß. Dann ist es, als wenn Ben und Rosa selbst auch ein Kindergärtner und eine Kindergärtnerin sind.

Aber heute sagt Herr Max: „Nein, ein anderes Mal. Wenn der Kindergarten aus ist, will ich gleich weg. Ich fahre zu meiner Mutter."

Mutter?, denkt Ben. Rosa und er schauen sich erstaunt an.

„Hast du eine Mutter?"

„Natürlich habe ich eine Mutter", sagt Herr Max. „Ihr habt doch auch eine Mutter?"

Ja, aber Ben und Rosa sind noch Kinder und Herr Max ist schon alt.

„So alt bin ich nun auch wieder nicht", sagt Herr Max. „Ich bin vierunddreißig. Räumt eure Sachen auf und setzt euch in den Kreis, der Kindergarten ist gleich aus."

Vierunddreißig! Bens Mutter ist achtundzwanzig und sein Vater ist neunundzwanzig. Das ist weniger als vierunddreißig.

„Meine Mutter ist vierzig", sagt Pieter.

„Meine Mutter ist dreißig!", sagt Mehmed.

Alle Kinder rufen durcheinander, wie alt ihre Mütter sind. Freddy schreit: „Meine Mutter ist hundert!"

Niemand sonst hat eine Mutter, die schon hundert ist, also hat Freddy die älteste Mutter von allen. Stolz schaut er die anderen Kinder an.

Ben ist neidisch, er wollte, dass seine Mutter auch hundert wäre.

Barbara ruft: „Haha, Herr Max hat eine Mutter! Herr Max ist ein Baby."

„Barbara, hör auf", sagt Herr Max. „Ich verstehe nicht, was so komisch daran ist, dass ich eine Mutter habe. Ich habe auch noch eine Oma."

Ja, aber das ist was anderes, findet Ben. Jeder hat eine Oma, also kann es gut sein, dass Herr Max auch eine hat. Aber eine Mutter? Der große Herr Max?

„Herr Max, wenn du ungezogen gewesen bist, schickt deine Mutter dich dann zur Strafe ins Bett?", fragt Barbara.

„Kinder, was für ein Unsinn!", sagt Herr Max. „Große Menschen haben auch Väter und Mütter, das ist ganz normal. Ich wohne nicht mehr bei meiner Mutter und ich brauche auch nie mehr früh ins Bett zu gehen, aber sie ist noch immer meine Mutter und das bleibt sie mein ganzes Leben lang. Und wenn ich selbst Kinder bekomme, dann wird sie Oma."

„Ja", nickt Mehmed, „dann wird sie deine Oma."

„Nein, nicht meine Oma", sagt Herr Max, „ich habe doch schon eine Oma! Meine Mutter wird dann die Oma von meinen Kindern. Und meine Oma wird die Urgroßmutter meiner Kinder."

Alle Kinder sind still. Nachdenklich sehen sie Herrn Max an.

„Das verstehe ich nicht", sagt Wim nach einer Weile.

Ben versteht es auch nicht so richtig.

„Gut, dann werde ich es noch ein letztes Mal erklären", sagt Herr Max seufzend. „Ich …"

Im Flur klingt Lärm. Die Bienengruppe zieht sich die Jacken an.

„Zeit, nach Hause zu gehen", sagt Herr Max. „Morgen reden wir weiter."

Die meisten Kinder gehen mit Herrn Max raus zu den wartenden Vätern und Müttern vorm Kindergarten, aber Ben und Rosa trödeln und bleiben noch drinnen. Schließlich kann man nie wissen, ob Herr Max nicht doch noch was für sie zu tun hat.

Während sie auf Herrn Max warten, kommt eine fremde Frau herein. Sie trägt einen Hut und eine lange grüne Jacke. Ben und Rosa haben sie noch nie gesehen.

„Hallo, Kinder", sagt sie freundlich. „Ich suche Max. Wisst ihr vielleicht, wo er ist?"

Es ist eine alte Frau. Das ist ganz bestimmt die Mutter von Herrn Max, denkt Ben.

„Ich weiß, wer Sie sind. Sie sind die Mutter von Herrn Max", sagt er.

Die Frau fängt an zu lachen.

„Seine Mutter? Nein, ganz sicher nicht, ich bin Max' Schwester. Ich hole ihn ab, dann fahren wir zusammen zu unserer Mutter."

Seine Schwester? Ist die alte Frau die *Schwester* von Herrn Max?

Jetzt wird es aber schwierig. Viel zu schwierig für Ben. Er hat keine Lust weiter darüber nachzudenken.

„Komm mit", sagt er zu Rosa, „wir fragen meine Mutter, ob sie was Süßes für uns hat."

„Ja", sagt Rosa.

Und ohne noch etwas zu Herrn Max' Schwester zu sagen, gehen sie nach Hause.

Wilde Tiere

„Seid leise", sagt Herr Max, „sonst verjagen wir sie."
Still schleichen die Kinder hinter ihm die Treppe rauf, niemand sagt etwas.
Sie haben gerade „Tierwoche" und sind auf dem Weg, wilde Tiere zu beobachten. Eigentlich wollten die Kinder heute ihre eigenen Haustiere mit in den Kindergarten bringen, aber sie durften nicht. Das ist gemein von Herrn Max, denn in ein paar anderen Gruppen durften die Kinder es wohl.
„Kommt gar nicht in die Tüte", sagte Herr Max, „das Herumtragen gefällt den Tieren gar nicht. Ich habe eine bessere Idee, wir beobachten echte wilde Tiere."
Wilde Tiere! Das klang spannend, fand Ben. Vielleicht gingen sie in einen Urwald mit Löwen und Tigern oder zu einem gefährlichen Fluss mit Krokodilen.
Aber nichts davon geschah, sie waren auf dem Weg zum Dachboden vom Kindergarten. Auch dort gibt es wilde Tiere, hat Herr Max gesagt. Ben findet das seltsam und die meisten anderen Kinder auch.
„Wartet nur ab", sagt Herr Max, „und keinen Lärm machen, sonst kommen sie nicht aus ihrem Versteck."
Herr Max ist jetzt oben an der Treppe. Vorsichtig öffnet er die Luke zum Dachboden. „Kommt nur mit", flüstert er.
Hintereinander steigen die Kinder hinauf. Es ist ziemlich dunkel und riecht so seltsam, dass Bens Nase anfängt zu kribbeln. Er ist hier noch nie gewesen. Kindergartenkinder dürfen nicht auf den Dachboden, hat Wendy gesagt. Nur Kindergärtner dürfen dorthin. Aber Wendy ist noch immer krank und Herr Max ist der Chef vom Kindergarten, darum dürfen die Kinder heute doch auf den Dachboden.

„Schaut genau hin", flüstert Herr Max, als alle oben sind, „vielleicht seht ihr sie dann."
Ben guckt überall hin, aber er sieht keine wilden Tiere.
Macht Herr Max nur Spaß?
„Herr Max, es ist gar nicht wahr!", ruft Pieter. „Es gibt hier keine wilden Tiere."
„Nein, das geht auf dem Dachboden ja gar nicht", sagt Barbara.
„Und ob", sagt Herr Max, „es wimmelt hier von Tieren. Es gibt Mäuse und Spinnen und Fliegen und Mücken und Käfer und vielleicht hängen sogar ein paar Fledermäuse in einer Ecke und schlafen, dicht unter dem Dach. Ihr müsst bloß richtig hinsehen."
Ein paar Kinder schauen ängstlich um sich, aber Ben ist enttäuscht. „Das sind doch keine wilden Tiere!", sagt er. „Das sind normale Tiere."
„Sie wohnen hier und sie sind nicht eingesperrt", sagt Herr Max. „Also sind es echte wilde Tiere."
„Aber sie sind nicht gefährlich!", sagt Wim.
„Zum Glück nicht!", sagt Herr Max. „Sonst würde ich mich nicht hertrauen. Seht ihr schon was?"
Niemand sieht etwas.
„Setzt euch hin", sagt Herr Max. „Ohren aufsperren und gut hinhören. Vielleicht hört ihr sie dann."
Die Kinder setzen sich. Auf dem Dachboden liegen ein paar Kissen, für die ganze Gruppe reichen sie jedoch nicht. Aber alle wollen auf einem Kissen sitzen. Sie streiten um die besten Plätze und machen dabei so einen Lärm, dass selbst ein wilder Elefant das Weite gesucht hätte. Endlich sitzen alle und es wird still auf dem Dachboden, ganz still ...
Ben spitzt die Ohren und hört gut hin. Erst hört er nichts und wieder denkt er: Siehste, es gibt hier keine Tiere.

Aber dann plötzlich … knarrt da nicht was, dort in der Ecke? Hört er da was nagen? Piepst da was? Ja, Ben ist sich ganz sicher. Dort, hinter dem Karton, da trippelt etwas über den Holzfußboden. Eine Maus? Eine wilde Maus?

Ben schüttelt sich und bleibt ganz still sitzen. Die anderen Kinder auch. Alle hören gut hin und sind still.

Am Fenster summt etwas. Unter den Holzbohlen, genau dort, wo Ben sitzt, hört man Gescharre. Und dicht neben sich hört Ben wieder Getrippel. Er schaut, sieht aber nichts. Vorsichtig rückt er näher zu Herrn Max.

„Und?", fragt Herr Max. „Hört ihr was?"

„Ja …", flüstern ein paar Kinder. Andere nicken, aber die meisten sagen nichts und hören weiter zu.

„Knerrrp", macht es bei einem Karton.

„Ktchhhh", hört Ben hinter sich. Wieder schüttelt er sich und rückt noch näher zu Herrn Max.

Der Dachboden ist voll von Tieren, voll von kleinen, wilden Tieren! Ben ist sich ganz sicher, auch wenn sich noch kein einziges Tier hat blicken lassen. Das ist toll und gruselig zugleich …

„Kchrakkkk … tschjerrp … prrt …"

„Herr Max", flüstert Susan, „ich muss mal."

„Psst", sagt Herr Max, „gleich, Susan."

„Herr Max", flüstert Pieter, „ich muss auch."

Ben merkt, dass er auch mal muss, ganz nötig. Und nicht nur er, nein, die halbe Gruppe zeigt auf, alle müssen zum Klo.

Und jetzt, da Ben in seinem Bauch fühlt, dass da ganz viel Pipi raus muss, hört er gleich keine wilden Tiere mehr. Er hört nur noch die anderen Kinder, die flüstern und murmeln und hin- und herwippen.

Herr Max sieht die unruhigen Kinder kurz an und sagt

dann: „Gut, wir stehen jetzt leise auf und gehen ganz leise weg, damit wir die Tiere nicht erschrecken."

Aber na ja, Kinder, die ganz nötig müssen, wollen nicht leise aufstehen, die wollen zum Klo.

Schreiend stürmen sie die Treppe herunter.

„Na, na, na, ihr wilden Tiere vom Dachboden, ein bisschen ruhiger!", ruft Herr Max ihnen nach, aber niemand hört auf ihn.

Ein Minimonster in der Gruppe

„Meiner! Meiner!" Rickie reißt den dicken braunen Teddybären aus Bens Händen und rennt damit zu seiner Mutter. Mit dem Bären in den Armen krabbelt er auf ihren Schoß.

Traurig schaut Ben ihm nach. Er hat gerade so schön mit dem Bären gespielt und jetzt hat Rickie ihn. Am liebsten würde er ihm den Teddy gleich wieder wegnehmen, aber er traut sich nicht wegen der Mutter.

„Lass ihn nur", sagt Herr Max, „Rickie ist klein, er weiß noch nicht, dass er das nicht darf. Du bist schon groß, Ben, nimm einfach einen anderen Bären."

„Ja", sagt Ben bedrückt. Manchmal ist es gar nicht schön, groß zu sein.

Rickie ist heute zum ersten Mal im Kindergarten. Na ja, er ist nicht so richtig im Kindergarten, er ist zu Besuch. Bald kommt er richtig in den Kindergarten, wenn er drei ist. Heute Morgen ist er eine Stunde zu Besuch, zusammen mit seiner Mutter.

„Dann kann er sich an uns gewöhnen und sehen, wie schön es hier ist", hat Herr Max gesagt.

Erst hat Herr Max aus *Max und die Maximonster* vorgelesen. Rickies Mutter saß im Kreis und hörte zu. Rickie saß auf ihrem Schoß. Dann durften alle spielen. Auch Rickie.

„Nicht so wild spielen, ja", sagte die Mutter zu den anderen Kindern, „sonst bekommt Rickie Angst. Nicht wahr, Schatz, du findest es ein bisschen unheimlich, all die fremden Kinder hier."

Knurrend befreite sich Rickie aus ihren Armen. „Ich fress dich auf!", brüllte er, genau wie Max in dem Buch. „Ich bin ein Maximonster!" Er rannte weg und stieß einen Turm aus Bauklötzen um.

„He, ein wenig friedlich, ja!", rief Herr Max.

Dann stürmte Rickie auf Ben zu und schnappte sich den Bären. Mit dem Bären im Arm sitzt er jetzt bei seiner Mutter auf dem Schoß und schaut die anderen Kinder gemein an.

„Was für ein lieber Bär", sagt die Mutter, „spiel nur schön damit, Schatz."

„Ich bin ein Maximonster!", knurrt Rickie wieder und fängt an so laut zu brüllen, wie er kann.

Ein paar Kinder schauen ihn wütend an. Was für ein Wichtigtuer! Ben hofft, dass er schnell wieder weggeht. Er geht zum Wassertisch, um mit Rosa U-Boot zu spielen.

Rickie lässt sich vom Schoß seiner Mutter gleiten. Er schmeißt den dicken braunen Bären auf den Boden und geht auch zum Wassertisch. Ohne etwas zu sagen, sieht er Ben und Rosa eine Weile zu. Sie fahren mit ihrem U-Boot über den Meeresgrund. Das Boot macht eine gefährliche Reise: Wenn man zu lange unter Wasser bleibt, ertrinkt man.

„Wie tief das Meer ist!", sagt Kapitän Ben.

„Und jede Menge Haie!", sagt Matrose Rosa. „Wir werden sie fangen, Kapitän!"

Patsch! Rickie schlägt mit der flachen Hand fest aufs Wasser. Ben und Rosa sind pitschnass. So ein Blödmann! Ben würde ihm am liebsten eine runterhauen. Aber Rickie ist schon in die andere Ecke vom Gruppenraum gerannt. Dort zieht er wild an den Gardinen vom Kasperletheater.

„Sehen Sie nur", sagt die Mutter stolz zu Herrn Max. „Rickie fühlt sich schon ganz wie zu Hause, er spielt so schön."

Herr Max sieht gar nicht so froh aus. „Vorsichtig, Rickie", sagt er, „sonst geht das Kasperletheater kaputt."

„Ich fress dich!", brüllt Rickie wieder.

Die Mutter klatscht vor Freude in die Hände. „Was für ein kleiner Racker!", sagt sie lachend.

Und so geht es immer weiter. Am Maltisch nimmt Rickie einen Pinsel und macht ein paar große Farbkleckse auf Susans Bild. In der Puppenecke zieht er Barbara an den Haaren und brüllt immer wieder: „Ich bin ein Maximonster!" Dann rennt er durch den Raum und stößt gegen den Puzzletisch. Mehmeds Puzzle fällt auseinander. Und die Mutter findet das alles schön. Froh rennt sie hinter Rickie her.

Keiner kann mehr spielen, Rickie lässt niemanden in Ruhe. Auch Herr Max hat die Nase voll, das kann man sehen. Er guckt streng.

„So, Frau Ingen", sagt er zu Rickies Mutter, „die Stunde

ist vorbei. Sie können Rickie jetzt wieder mit nach Hause nehmen."

Sie gehen weg! Zum Glück! Ben ist froh.

„Sag mal Tschüs zu den Kindern, Rickie!", sagt die Mutter.

Rickie sagt nichts und springt seiner Mutter in die Arme. So trägt sie ihn nach draußen.

„Puh, der ist weg", sagt Herr Max. „Der Junge ist wirklich ein Minimonster!"

Ein paar Kinder müssen darüber lachen. Aber Ben ist neidisch. „Herr Max?", fragt er. „Dürfen wir auch Minimonster sein?"

Alle schauen Herrn Max an. Ja, sie wollen Minimonster sein. Sie wollen rennen und schreien und an den Vorhängen ziehen und mit Farbe und Wasser rumspritzen, genau wie Rickie.

„Ihr dürft meine Minimonster sein", sagt Herr Max. „Aber nicht hier. Wir gehen in die Turnhalle, um Minimonster zu spielen."

Schnell räumen die Kinder auf. Und während sie das tun, sagt Herr Max: „Wisst ihr was? Ich gehe mal kurz rüber zu Mieke. Ich frag sie, ob Rickie zu der Bienen-Gruppe darf, wenn er wirklich hier in den Kindergarten kommt."

Das finden alle eine großartige Idee.

Ein Brief von Wendy

„Seht mal, was ich hier habe!", ruft Herr Max. „Ein Brief von Wendy. Kommt alle schnell her und setzt euch, dann lese ich vor, was sie geschrieben hat."
Ein Brief von Wendy! Toll! Die Kinder hören sofort auf zu spielen und setzen sich in den Stuhlkreis. Herr Max liest vor:

Liebe Kinder!
Was für schöne Bilder ihr gemalt habt! Ich habe sie über mein Bett gehängt. Immer wenn ich sie mir ansehe, werde ich fröhlich. Ich vermisse euch, meine lieben Igelchen. Ihr mich auch? Zum Glück habt ihr ja Herrn Max. Jetzt kann ich schön im Bett bleiben, bis ich wieder gesund bin.
Hundert Küsse von Wendy

Während Herr Max den Brief vorliest, sind die Kinder ganz still. Und als er fertig ist, sind sie immer noch ganz still. Ein Brief von ihrer Wendy, ihrer eigenen lieben Wendy. Wie lange sie Wendy schon nicht mehr gesehen haben! Aber sie schreibt nicht, wann sie zurückkommt.
„Was für ein schöner Brief!", sagt Herr Max zufrieden. „Ihr habt wirklich Glück, dass ihr so eine liebe Kindergärtnerin habt!"
Ja, das findet Ben auch. Wendy ist die liebste Kindergärtnerin von der ganzen Welt. Sie macht immer schöne Sachen mit der Gruppe. Sie liest so spannend vor! Als Ben einmal hingefallen war und es weh tat, durfte er auf ihrem Schoß sitzen. Und manchmal, wenn es kalt ist, macht sie seine Jacke zu, bevor er nach Hause geht, und dann kitzelt sie ihn so sanft im Nacken, dass er lachen muss.

Ben muss an all die Dinge denken, er muss so fest daran denken, dass er ganz traurig wird. Seine Wendy, seine liebe Wendy …

„Herr Max", fragt Mehmed, der auch still vor sich hin starrt, „wann ist Wendy wieder gesund?"

„Ich weiß es nicht", antwortet Herr Max, „ganz schnell, hoffe ich."

„Morgen?", fragt Mehmed.

„Nein, morgen noch nicht. In ein paar Wochen vielleicht." Ein paar Wochen! Wie furchtbar lange, so lange kann Ben wirklich nicht mehr ohne Wendy sein!

„Herr Max", sagt Barbara, „du musst weg. Wendy soll wiederkommen."

Ja, Herr Max soll weggehen. Wenn er weg ist, kommt Wendy wieder. Ben ist sich ganz sicher, dass es so sein wird.

„Du meine Güte!", wird Wendy sagen. „Herr Max ist weg, jetzt sind die armen Kinder ja ganz alleine. Ich muss schnell zu ihnen."

„Aber Kinder!", sagt Herr Max. „Ihr findet es doch schön, dass ich hier bin? Ich bin doch auch lieb zu euch."

„Nein!", sagt Peter. „Wendy soll zurückkommen."

Alle Kinder fangen jetzt an zu nörgeln und Buh zu rufen. „Du sollst weggehen, Herr Max. Wir wollen Wendy! Wir wollen Wendy!"

Ben steigen die Tränen in die Augen, so schlimm findet er es, dass Wendy nicht da ist. Und das ist alles Herrn Max' Schuld. Weil er auf sie aufpasst, kommt Wendy nicht wieder. Blöder Herr Max! Ben sieht ihn wütend an. „Doofer Herr Max", murmelt er.

Herr Max guckt jetzt auch wütend: „Jetzt reicht's aber", sagt er. „Seid nicht so gemein! Das ist gar nicht nötig."

„Wir wollen nicht mehr, dass du unser Kindergärtner bist", sagt Pieter. Er dreht seinen Stuhl und setzt sich mit dem Rücken zu Herrn Max.

„Doofer Herr Max", sagt Ben wieder und dreht seinen Stuhl auch um. Er will den blöden Herrn Max nicht mehr ansehen.

Viele Stuhlbeine kratzen über den Fußboden, alle Kinder wollen sich umdrehen, um Herrn Max den Rücken zuzukehren.

Mit schwerer Brummstimme murmelt Herr Max: „Junge, Junge, was für eine Menge böser Kinder habe ich da plötzlich." Er seufzt tief und sagt dann: „So, jetzt hört ihr mir mal gut zu. Wendy kommt bald wieder zurück, glaubt mir nur. Ich möchte auch gerne, dass sie wiederkommt. Ich vermisse sie auch, weil ich sie so lieb finde. Aber erst müssen wir warten, bis es ihr wieder besser geht, daran kann ich wirklich nichts ändern."

„Du sollst weggehen", sagt Peter wieder.

„Wenn Wendy wieder da ist, gehe ich weg", sagt Herr Max. „Aber erst müssen wir noch ein wenig Geduld haben."

„Nein", sagt Mehmed böse.

„Doch!", sagt Herr Max. „Wenn ihr krank seid, wollt ihr

doch auch im Bett bleiben. Stellt euch mal vor, dass ihr Fieber habt und in den Kindergarten müsst! Dann werdet ihr noch kränker und das ist gar nicht schön."

Das ist wahr, denkt Ben. Wenn er krank ist, möchte er auch im Bett liegen.

„Und stellt euch vor", fährt Herr Max fort, „wenn Wendy wüsste, was für böse Kinder in ihrer Gruppe sind, dann wäre sie sehr traurig. ,Sind das meine Igel?', würde sie sagen. ,Diese bösen Kinder? Bah! Da bleibe ich wohl besser noch eine Weile krank. Ich will keine Gruppe mit bösen Kindern. Ich will liebe, fröhliche Kinder. Von fröhlichen Kindern werde ich schnell wieder gesund, von bösen Kindern nicht.'"

Ben dreht sich um, um Herrn Max anzusehen.

„Echt wahr?", fragt er.

„Ganz bestimmt", sagt Herr Max. „Und weißt du was? Wenn ihr jetzt schön weiterspielt, werde ich Wendy einen Brief schreiben. Dann werde ich ihr erzählen, wie gerne ihr wollt, dass sie wiederkommt."

Das will Ben, dass Herr Max das schreibt. Wenn Wendy das liest, wird sie bestimmt sofort wieder gesund.

„Soll ich das machen, einen Brief schreiben?", fragt Herr Max.

„Ja!", rufen ein paar Kinder.

„Einverstanden", sagt Herr Max. „Aber dann müsst ihr jetzt wieder schön spielen und nicht mehr solche bösen Gesichter machen, okay?"

Gehorsam stehen die Kinder auf und stellen ihre Stühle weg. Brav fangen sie an zu spielen. Aber den ganzen Morgen bleibt es still in der Gruppe, traurig still.

Herbsttiere

„Tja", sagt Herr Max, „ich finde es schwierig, sie sind alle schön."

„Aber du musst sagen, welches das Allerschönste ist."

Die ganze Gruppe sitzt um einen Tisch, auf dem lauter Herbsttiere stehen. Die Kinder haben sie selbst gemacht. Sie sind erst in den Park gegangen, um Kastanien und Eicheln und Blätter in schönen Farben zu sammeln. Die haben sie mit in den Kindergarten genommen und Herbsttiere gebastelt.

„Wir basteln supertolle Tiere", sagte Herr Max. „Kastanienhunde und Eichelpferdchen und Blättervögel. Wenn sie fertig sind, stellen wir sie auf die Fensterbank, sodass die Väter und Mütter sie sich auch ansehen können."

Herr Max hatte vorgemacht, wie es geht, und dann durften die Kinder anfangen.

„Herr Max?", fragte Rosa. „Können wir nicht ein Wettbasteln machen? Dann musst du sagen, welches Herbsttier am schönsten ist."

Ja, ein Wettstreit! Die ganze Gruppe hatte Lust dazu. Wettkämpfe sind spannend.

Nur Herr Max fand die Idee nicht so gut. „Ich mag keine Wettkämpfe", sagte er. „Dann gibt es nur ein Kind, das gewinnt, und die anderen müssen weinen."

Weinen?, denkt Ben. Wie kommt Herr Max denn darauf? Dass man gewinnen kann, ist ja gerade toll! Dann strengt Ben sich noch mehr an als sonst.

„Seid ihr dann ganz bestimmt nicht traurig, wenn ihr nicht gewinnt?", hatte Herr Max gefragt.

„Nein, Herr Max."

„Bestimmt nicht?"

„Ganz bestimmt nicht, Herr Max."

„Okay, wie ihr wollt", sagte Herr Max, „wir machen ein Wettbasteln: Wer bastelt das schönste Herbsttier? Auf die Plätze, fertig, los!"

Und jetzt sitzt Herr Max da und schaut sich die Herbsttiere schon ganz lange an. Es ist spannend. Welches Tier wird er auswählen? Die Kinder sind still. Zu einem Wettkampf gehört ein Preis und den will Ben gerne gewinnen.

„Ja", sagt Herr Max endlich. „Ich habe ein Herbsttier ausgewählt. Der Gewinner ist … Mehmed! Er hat das schönste Herbsttier gebastelt, er hat gewonnen."

„Yes!", ruft Mehmed. Stolz schaut er um sich.

Ben kann es nicht glauben. Mehmed? Hat Mehmed gewonnen? Das kann doch nicht sein? Sein Herbsttier ist längst nicht so schön wie das von Ben. Es hat nur drei Beine und sein Kopf sitzt schief und sein Schwanz ist gar nicht in der Mitte. Wie kann Mehmed gewonnen haben?

Auch die anderen Kinder finden es nicht gut, dass Herr Max Mehmeds Tier ausgewählt hat.

„Mein Herbsttier ist viel schöner!", murren sie.

Und rufen wütend: „Meins auch!"

„Meins auch!"

Pieter schlägt gegen den Tisch. Ein paar Herbsttiere fallen um.

„Lass das!", sagt Herr Max. Er beugt sich über den Tisch und stellt die umgefallenen Tiere wieder hin. „Warum meckert ihr jetzt? Ihr wolltet doch unbedingt ein Wettbasteln machen!"

Ja!, denkt Ben. Aber er wollte nicht, dass Mehmed gewinnt, er wollte selbst gewinnen.

Herr Max brummt was und erklärt noch mal, dass es bei einem Wettkampf nun einmal nur einen Gewinner geben kann, so ist das eben.

Aber die Kinder sind noch immer sauer.

„Das ist gemein!", ruft Susan. „Mehmeds Herbsttier ist hässlich!"

„Gar nicht", sagt Mehmed.

„Wohl", sagt Peter.

Herr Max seufzt tief. „Okay, okay", sagt er, „die anderen Herbsttiere sind auch schön. Wisst ihr was? Ihr habt euch alle so viel Mühe gegeben, ihr habt alle gewonnen. Toll, was?"

Aber jetzt fängt Mehmed an zu meckern. „Nein! Du hast gesagt, dass ich gewonnen habe."

„Das ist wahr", gibt Herr Max zu, „aber da hatte ich noch nicht richtig hingesehen. Jetzt habe ich genau hingeguckt und jetzt haben alle gewonnen. Einverstanden?"

Mehmed wirft seinen Stuhl um und setzt sich schmollend in eine Ecke.

„Mehmed, komm zurück!", sagt Herr Max streng.

Mehmed gehorcht nicht.

„Euch kann man es auch nie recht machen", klagt Herr Max. „Ich mache nie wieder einen Wettkampf mit euch. Ihr seid doch nie zufrieden!"

„*Ich* habe gewonnen", murmelt Mehmed in seiner Ecke.

In diesem Moment sagt Wim: „Ja, Herr Max, Mehmed hat gewonnen, das hast du selbst gesagt."

Ben weiß, dass Wim Recht hat, aber er sagt es nicht. Wenn er nichts sagt, wählt Herr Max vielleicht gleich doch noch Bens Herbsttier aus.

Herr Max sieht Wim ernst an.

„Wim, das finde ich toll von dir. Mehmed hat gewonnen, ich habe es selbst gesagt. Ehrlich ist ehrlich."

Ein paar Kinder murmeln, dass sie es überhaupt nicht ehrlich finden, aber Herr Max beachtet sie nicht.

„Der Wettkampf ist zu Ende", sagt er. „Mehmed, setz dich wieder zu uns."

Mehmed kommt zurück und Herr Max sagt: „Weil Mehmed gewonnen hat, erzähle ich extra für ihn eine spannende Geschichte. Eine Geschichte über ein trauriges Herbsttier. Und wenn die anderen Kinder still sind, dürfen sie auch zuhören."

Sofort kommen alle mit ihrem Stuhl noch näher. Ben schiebt seinen Stuhl so dicht an ihn, dass seine Knie gegen Herrn Max' Beine drücken. Eine Geschichte über ein trauriges Herbsttier, ja, das wird schön!

Ein dicker Haufen

Im Sandkasten liegt ein Haufen, ein großer brauner Haufen, einfach so mitten im Sand. Rosa und Ben betrachten ihn neugierig.
„Ich weiß, wer das gemacht hat", sagt Rosa.
„Ich auch", sagt Ben. „Ein Hund."
Es passiert öfter, dass Hunde auf den Spielplatz machen. Das ist eklig, aber man kann nichts daran ändern. Der Zaun um den Spielplatz ist nicht hoch genug, um die Hunde fern zu halten.
„Nein, das war kein Hund", sagt Rosa und fängt an zu kichern.
„Was denn?", fragt Ben.
Rosa sieht ihn an, als wenn sie ein spannendes Geheimnis wüsste, und kichert noch mehr.

Ben versteht es nicht. Was ist denn daran so lustig?

Rosa beugt sich zu ihm und flüstert in sein Ohr: „Das hat Herr Max gemacht." Sie prustet los.

„Echt wahr?", fragt Ben. Er schaut zu Herrn Max, der ein Stückchen weiter auf einem Stuhl in der Herbstsonne sitzt. Dann guckt er wieder auf den Haufen im Sandkasten und muss plötzlich auch kichern. „Ja!", sagt er, „das hat Herr Max gemacht."

„Er hat sich nackig in den Sand gesetzt", sagt Rosa, „und dann einen Haufen gemacht."

„Ja!", sagt Ben. „Nackig!"

Er wird rot, weil er sich was ausgedacht hat, was noch besser ist. „Herr Max hat auch Pipi in den Sand gemacht", flüstert er, „mit seinem nackten Pillermann."

Rosa fällt vor Lachen fast um. „Mit seinem nackten Pillermann, jaaah!"

Ben fällt auch fast um und versucht sich noch was Besseres auszudenken.

„Kinder!", ruft Herr Max von seinem Stuhl aus. „Alle reinkommen!"

Auch drinnen können Ben und Rosa nicht aufhören zu lachen. Sie sitzen in der Bauecke, aber sie bauen nicht. Immer wieder gucken sie heimlich zu Herrn Max und dann sehen sie es wieder vor sich: der nackte Herr Max im Sandkasten, mit seinem großen Po und seinem nackten Pillermann. Es ist wirklich das Lustigste, was sie sich jemals ausgedacht haben.

Herr Max findet es gar nicht lustig, dass sie die ganze Zeit kichern. Streng schaut er sie ein paar Mal an und kommt schließlich zu ihnen.

„Was gibt's?", fragt er. „Warum baut ihr nicht?"

Rosa stößt Ben an und dann muss Ben wieder laut lachen.

„Was ist denn da so witzig?", fragt Herr Max.

„Herr Max", sagt Rosa, „du hast einen Haufen in den Sandkasten gemacht."

„Ganz nackig!", ruft Ben und bekommt vor Lachen feuchte Augen.

Herr Max lacht nicht. „Was für ein schlapper Witz", brummt er.

„Echt wahr, Herr Max", sagt Rosa, „komm nur mit."

Ben und Rosa springen auf und hopsen nach draußen. Herr Max folgt ihnen.

„Guck mal, Herr Max", sagt Ben, als sie am Sandkasten sind. Er zeigt auf den Haufen, über den jetzt schwarze Fliegen kriechen. „Das hast du gemacht."

„Igitt", sagt Herr Max, „wie ekelhaft, so was im Sandkasten. Warum passen die Leute denn nur nicht besser auf ihre Hunde auf? Ich hole eine Schaufel, dann räumen wir den Haufen weg."

Herr Max verschwindet im Schuppen. Als er eine Weile später mit einer Schaufel zurückkommt, sind Rosa und Ben weg. Durch das Fenster sieht Herr Max, dass sie zurück in den Gruppenraum gegangen sind. Sie erzählen etwas, worüber die anderen Kinder sehr lachen müssen.

„Kleine Schmierfinken", murmelt Herr Max. Aber dann muss er auch lachen und steigt mit der Schaufel in der Hand in den Sandkasten.

Ein Polizist zu Besuch

„Hallo, liebe Kinder, ich bin Herr Herzog, ich bin Polizist."
Ja, dass dieser Mann ein Polizist ist, das haben die Kinder
schon gesehen. Mucksmäuschenstill und mit weit aufge-
sperrten Augen schauen sie ihn an.
Herr Max hatte es heute Morgen schon erzählt: Am Nachmittag würde ein echter Polizist in den Kindergarten kommen. Er würde vor allem den großen Kindern in der Grundschule nebenan alles über die Arbeit der Polizei erzählen.
Aber auch bei den Kindergartenkindern würde er kurz
vorbeischauen, hatte er versprochen. Alle fanden das wahnsinnig spannend. Den ganzen Morgen hatten sie Dieb und
Gefängnis gespielt.
Aber als der Mann in den Gruppenraum kommt, sind alle
Kinder sofort still. Der Mann ist groß, hat eine tiefe Brummstimme, einen Schnurrbart, dunkle Augen und eine Polizis-
tenuniform an. Er sieht gemein aus.
„Ihr braucht keine Angst vor mir zu haben", sagt der Mann
mit seiner tiefen Brummstimme. „Polizisten sind sehr liebe
Menschen."
Ben rückt näher zu Herrn Max. Zum Glück sitzt er weit weg
von dem Polizisten. Rosa, die an der anderen Seite von
Herrn Max sitzt, rückt auch näher zu ihm.
„Manche Leute glauben, dass die Polizei immer streng ist
und gemein", sagt der Polizist. „Dass wir zum Beispiel Leute ins Gefängnis werfen. Aber das stimmt nicht, liebe Kinder."
Seine Stimme ist so furchtbar laut, dass Mieke durchs Fenster schaut, um zu sehen, was bei den Igeln los ist. Der Polizist winkt ihr zu. Mieke geht gleich wieder weg.

Ist es nicht wahr, dass die Polizei Leute ins Gefängnis wirft?, denkt Ben. Das ist doch so!

„Nur wenn Leute Dinge machen, die sie nicht machen dürfen", erzählt der Polizist.

„Dann wird die Polizei böse. Leute, die schlechte Sachen machen, die stecken wir ins Gefängnis. Die haben eine Strafe verdient."

Pieter steht von seinem Stuhl auf, schleicht zu Herrn Max und klettert auf seinen Schoß, während er ängstlich zum Polizisten schaut.

„Genau", sagt Herr Max, „nur Verbrecher bekommen Strafe, aber normale Leute nicht."

„Stimmt", brummt der Polizist, „Verbrecher, Räuber und Mörder, ihr braucht also wirklich keine Angst zu haben."

Mörder? Ben schüttelt sich und schmiegt sich noch fester an Herrn Max. Auch Susan krabbelt jetzt zu Herrn Max auf den Schoß.

Der Polizist kratzt sich an seinem großen schwarzen Schnurrbart und zwinkert mit den großen schwarzen Augen.

„Jeder macht natürlich ab und zu mal Sachen, die er nicht darf, aber dann wird die Polizei bestimmt nicht gleich böse", sagt er. „Wer von euch hat schon mal was getan, was er nicht darf?"

Niemand meldet sich. Sie sind ja nicht verrückt!

„Niemand?", brüllt der Polizist erstaunt. „Das glaube ich aber nicht, Jungen und Mädchen. Erzählt mal ehrlich, wer ist ab und zu mal ungezogen?" Langsam schaut er mit seinen schrecklichen schwarzen Augen in den Kreis.

Mehmed fängt an zu weinen und auch Ben fühlt, dass seine Augen brennen. Er war gestern noch sehr ungezogen. Er hat „dumme Ziege" zu Mama gesagt und musste zur Strafe ins Bett. Wenn er das jetzt erzählt, muss er vielleicht ins Gefängnis. Er will nicht ins Gefängnis.

„Soll ich euch mal was sagen?", knurrt der Polizist. „Sogar ich bin ab und zu mal ungezogen. Ja, das glaubt ihr natürlich nicht, dass so ein netter Polizist Sachen macht, die er nicht darf!"

Und ob Ben das glaubt. Der Mann sieht so gemein aus und hat so eine furchtbare Stimme!

Auch Barbara versucht jetzt bei Herrn Max auf den Schoß zu klettern, aber der Schoß ist voll, niemand passt mehr darauf. Barbara schluchzt. „Ich habe Angst", jammert sie.

Der Polizist sieht sie erstaunt an. „Ja, was ist denn das?", fragt er. „Musst du weinen? Das ist doch nicht nötig, liebes Kind. Komm nur zu mir auf den Schoß." Er streckt zwei große behaarte Hände nach ihr aus.

Und da muss Barbara noch mehr weinen. Sie versteckt sich hinter Herrn Max. Auch Ben kann seine Tränen nicht mehr zurückhalten. Er hat noch nie so einen gruseligen Mann gesehen.

Herr Max räuspert sich. „Ähm … Herr Herzog", sagt er, „es ist Zeit, zur Grundschule rüberzugehen."

„Zur Grundschule? Ist es schon so spät?" Der Polizist schaut auf seine Armbanduhr. „Ja, Sie haben Recht. Da muss ich mich beeilen. Wiedersehen, liebe Kinder."

Er steht auf und geht aus dem Raum. Mucksmäuschenstill bleiben die Kinder im Kreis sitzen.

„Kinder!", sagt Herr Max, als der Polizist weg ist. „Was sind denn das für Tränen? Herr Herzog ist doch ein netter Mann?"

„Ich finde ihn gar nicht nett", schluchzt Mehmed.

Herr Max streichelt ihm über den Kopf. „Keine Angst", tröstet er, „er ist weg und kommt nicht mehr wieder."

Zum Glück!, denkt Ben.

„Schiebt die Stühle wieder an die Tische, dann können wir noch ein wenig spielen", sagt Herr Max.

Sofort klingt lautes Geschiebe von vielen Stuhlbeinen. Alle Kinder rennen zu dem Platz, an dem sie am liebsten spielen wollen.

Ben rennt zu Rosa und wirft sie auf den Boden. „Ich bin die Polizei!", schreit er. „Ich werfe dich ins Gefängnis!"

Rosa fängt an zu kreischen und um sich zu schlagen. „Hilfe!", ruft sie lachend. „Lass mich los, ich bin kein Verbrecher, ich bin ein liebes Kind!"

Die Hummel

Durch den Gruppenraum fliegt eine Hummel, eine dicke braun-schwarze Hummel. Laut summend fliegt sie vor dem Fenster hin und her. Sie möchte raus, aber das geht nicht, weil das Fenster zu ist.

„Wo kommt denn die auf einmal her?", wundert sich Herr Max. „Es ist kalt draußen und dann gibt es doch keine Hummeln und Bienen und Wespen mehr."

Ja, draußen ist es kalt. Es ist Herbst, die Bäume sind kahl und es regnet fast jeden Tag. Drinnen ist die Heizung an und darum ist die Hummel natürlich im Raum. Sie mag den Regen nicht.

Ben und noch ein paar Kinder rennen zum Fenster, um sich die Hummel anzusehen.

„Vorsichtig!", ruft Herr Max. „Wenn ihr in ihre Nähe kommt, sticht sie!"

Ben lacht. Hummeln stechen nicht. Das hat Wendy gesagt. Sie stechen nur, wenn man sie ärgert. Dann werden sie wütend. Aber wenn man lieb zu ihnen ist, tun sie nichts.

„Das kann man nie wissen", sagt Herr Max. „Kommt lieber nicht in ihre Nähe." Er selbst sitzt an seinem Tisch, weit weg von der Hummel.

Die Kinder treten einen kleinen Schritt zurück, einen ganz kleinen nur, sonst können sie die Hummel nicht mehr sehen.

„Herr Max", sagt Ben, „du musst das Fenster aufmachen, dann kann die Hummel raus."

Denn im Gruppenraum ist es zwar schön warm, aber hier gibt es nichts zu essen für die Hummel. Wenn sie drinnen bleibt, stirbt sie. Das hat Wendy ihnen auch erzählt. Wenn sie es draußen wirklich zu kalt findet, sucht sich die Hum-

mel einen warmen Ort, an dem sie den ganzen Winter schlafen kann.

„Das Fenster öffnen?" Herr Max steht auf, geht aber nicht zu Ben. Mit großen Augen schaut er die Hummel an, die nun wütend immer wieder gegen das Fenster prallt. „Mach du das Fenster auf, Ben, dann kann sie nach draußen."

„Ich kann das Fenster nicht aufmachen", sagt Ben. Der Griff ist viel zu hoch, das weiß Herr Max doch!

„Ja, natürlich", sagt Herr Max. „Weißt du was? Lass die Hummel mal schön in Ruhe. Ärgere sie nicht, dann sticht sie auch nicht." Und er setzt sich wieder an seinen Tisch.

Ben schaut Herrn Max lange an. Hat er etwa Angst? Angst vor dieser kleinen Hummel?

„Haha!", sagt Ben. „Herr Max, du hast ja Angst!"

„Ja", ruft Rosa. „Herr Max hat Angst!"

Grimmig schaut Herr Max die Kinder an. „Angst?", brummt er. „Wie kommt ihr denn darauf? Ich bin erwachsen und Erwachsene haben nie Angst."

Das stimmt nicht!, denkt Ben. Erwachsene haben auch ab und zu Angst. Mama hat Angst vor Spinnen. Und als Papa neulich Fernsehen geguckt hat, sagte er: „Ich fürchte, dass es mit Bayern München nichts mehr wird, dieses Jahr."

„Du hast Recht", gibt Herr Max zu, „ich habe auch ab und zu mal Angst. Aber nicht vor so einem kleinen Tier. Das wäre ja noch schöner!"

Die Hummel fliegt immer wütender vor dem Fenster hin und her und stößt sich den Kopf. Das ist gemein!

„Herr Max, das Fenster muss auf", sagt Rosa.

Aber Herr Max sagt: „Hör jetzt auf mit dem Gequengel und geh in der Puppenecke spielen."

Er traut sich also wirklich nicht. Er glaubt, dass Hummeln stechen. So ein dummer Herr Max!

Die halbe Gruppe steht jetzt am Fenster. Sie beobachten die Hummel und schauen zu Herrn Max. Es ist lustig zu sehen, wie ängstlich er ist.

„Warum hört ihr denn nie auf mich?", fragt er.

„Du traust dich nicht!", sagt Rosa.

Und jetzt muss Herr Max auch lachen. „Ihr seid wirklich kleine Minimonster", sagt er. „Aber na ja … ich bin früher oft gestochen worden und wenn das passiert, bekomme ich lauter rote Blasen. Darum gehe ich diesen Viechern lieber aus dem Weg."

„Aber die Hummel will so gerne raus", sagt Barbara.

Herr Max denkt kurz nach und steht wieder auf. „Wartet", sagt er, „ich weiß was."

Er geht aus dem Raum und kommt einen Moment später mit Mieke zurück. Die geht gleich zum Fenster und macht es auf, während Herr Max an der Tür stehen bleibt. Die Hummel fliegt sofort raus.

„Das Fenster klemmt überhaupt nicht, Max", sagt Mieke.

„Tatsächlich", sagt Herr Max. „Du hast Recht, Mieke, trotzdem danke."

Mieke geht wieder weg.

„So", sagt Herr Max, während er zum Fenster geht und es schließt. „Die Hummel ist weg, ihr braucht keine Angst mehr zu haben."

Ihr?

„Du hast Angst gehabt!", sagt Ben.

„Na, na, nicht so vorlaut!", sagt Herr Max. Er grinst und streichelt Ben übers Haar. „Vorlesezeit. Du darfst ein Buch aussuchen, Ben, aber bitte kein Buch über gruselige Tiere."

Fest

„Das war toll gestern, was?", fragt Herr Max.
Und ob. Es war einfach super, gestern. Herr Max hatte Geburtstag und darum feierten sie ein Fest. Jeder hatte ein Geschenk dabei.
Alle Kinder werden wieder fröhlich, wenn sie daran denken. Alle Kinder, außer Wim. Er war gestern nicht im Kindergarten. Wim ist nie im Kindergarten, wenn jemand Geburtstag hat, und auch nicht, wenn Nikolaus oder Weihnachten ist. Seine Eltern wollen nicht, dass er diese Feste feiert. Darum bleibt Wim meistens zu Hause, wenn im Kindergarten gefeiert wird.
„Als ich gestern Abend nach Hause kam, habe ich noch mal gefeiert", erzählt Herr Max. „Ich hatte viel Besuch und bin spät ins Bett gegangen. Darum bin ich jetzt ein wenig müde. Geht schön spielen und macht nicht so viel Lärm. Ich habe ein bisschen Kopfweh."
„Herr Max", sagt Susan, „noch eine Nacht schlafen und dann habe ich Geburtstag!"
„Wirklich?", fragt Herr Max. „Dann feiern wir morgen ja schon wieder ein Fest."
„Ja!", sagt Ben. „Dann wollen wir wieder Spiele machen."
Den ganzen Nachmittag hatten sie Spiele gemacht und Lieder gesungen und leckere Sachen gegessen, toll war das.
Ben wünscht sich, dass Herr Max jeden Tag Geburtstag hat, so schön fand er es.
„Ich muss noch acht Mal schlafen, bis ich Geburtstag habe", sagt er.
„Ich noch dreißig Mal", sagt Mehmed.
„Ich null Mal", sagt Peter und fängt laut an zu lachen.

Alle Kinder rufen durcheinander, wie viele Nächte sie noch schlafen müssen, bis sie Geburtstag haben.

Nur Wim sagt nichts, still sitzt er im Stuhlkreis.

Herr Max sieht ihn an. „Und du, Wim, wann hast du Geburtstag?"

„Das weiß ich nicht", antwortet Wim leise.

„Wim hat nie Geburtstag", sagt Rosa.

„Wohl wahr!", sagt Wim wütend.

„Wann denn?", fragt Rosa.

Wim gibt keine Antwort.

„Natürlich hat Wim auch Geburtstag", sagt Herr Max. „Jeder hat Geburtstag. Aber nicht alle Leute feiern ihren Geburtstag. Das macht doch nichts!"

Das macht wohl was, findet Ben. Er fände es sehr schlimm, wenn er seinen Geburtstag nicht feiern dürfte. Dann dürfte er auch keine Süßigkeiten austeilen. Und Austeilen macht Spaß, dann sind alle lieb und man darf allen Kindergärtnerinnen und Kindergärtnern auch was Leckeres geben. Wim darf das nie.

„Ich finde es doof!", sagt Rosa.

Wim guckt jetzt noch trauriger. Ben sieht, dass er fast weinen muss.

„Rosa!", sagt Herr Max. „Sei nicht so gemein."

„Mir tut Wim Leid!", sagt Ben.

Wim nickt, mit Tränen in den Augen. Er tut sich selbst auch Leid.

„Unsinn!", sagt Herr Max. „Es ist nicht doof, kein Fest zu feiern, wenn jemand Geburtstag hat, und es braucht einem auch nicht Leid zu tun. Bei Wim zu Hause sind manche Dingen eben ein wenig anders als bei den meisten Leuten. Ja und? Nicht alle Menschen sind gleich. Es gibt zum Beispiel Leute, die kein Fleisch essen. Nicht, weil sie es nicht mögen, sondern weil sie es schlimm finden, wenn Tiere dafür getötet werden."

Ja, denkt Ben, Tiere töten ist schlimm.

„Oder Leute, die kein grünes Kleid anziehen wollen", fährt Herr Max fort, „weil sie Grün keine schöne Farbe finden."

„Oder weil sie ein Junge sind", sagt Robin, „dann will man auch kein Kleid anziehen."

„Genau", sagt Herr Max. „Und so gibt es auch Leute, die nicht feiern wollen, dass sie Geburtstag haben oder Nikolaus ist oder Weihnachten."

„Warum nicht?", fragt Rosa.

„Sie wollen lieber an anderen Tagen ein Fest feiern", sagt Herr Max. „Zum Beispiel, wenn sie das Seepferdchen gemacht haben oder was anderes, worauf sie stolz sind. Habe ich Recht, Wim?"

„Ja", sagt Wim.

Ben versteht es, aber Wim tut ihm noch immer Leid. Wenn man ein Fest feiert und nicht Geburtstag hat, bekam man dann auch Geschenke?

Herr Max setzt sich jetzt ganz gerade hin. „Soll ich euch mal was erzählen?", sagt er. „Ich bin eigentlich ein bisschen neidisch auf Wim. Es ist langweilig, nur Feste zu feiern, wenn jemand Geburtstag hat oder wenn Nikolaus oder Weihnachten ist. Es ist viel schöner, an einem anderen Tag ein Fest zu feiern, zum Beispiel, weil man einfach Lust dazu hat."

Das findet Ben auch. Feste feiern, wenn man plötzlich Lust dazu hat, das ist cool!

„Und soll ich euch noch was erzählen?", sagt Herr Max. „Ich habe jetzt, genau jetzt, ganz plötzlich Lust auf ein Fest."

Die Kinder sehen ihn erstaunt an.

„Wer hat heute Geburtstag?", fragt Herr Max.

Niemand antwortet, weil niemand Geburtstag hat.

„Gut", sagt Herr Max. „Wir feiern heute also, dass keiner Geburtstag hat. Wie findet ihr das?"
Feiern? So richtig feiern? Das finden alle natürlich eine tolle Idee von Herrn Max. Es ist seltsam, ein Fest zu feiern, wenn keiner Geburtstag hat, aber es ist auch lustig.
„Ich habe auch Lust auf ein Fest", sagt Mehmed.
„Ich auch!", rufen die anderen Kinder.
„Mein Stuhl ist noch immer geschmückt", sagt Herr Max. „Und ich habe noch ein paar leckere Sachen übrig von gestern. Das Fest kann beginnen."
Er stellt den Stuhl mitten in den Kreis.
Dann sagt er: „Wim darf auf dem Feststuhl sitzen, weil er gestern nicht da war. Und dann darf er auch gleich Süßigkeiten austeilen, weil niemand Geburtstag hat."
Herr Max ist vielleicht ulkig! Ben muss über ihn lachen.
Froh klettert Wim auf den geschmückten Stuhl von Herrn Max. Alle setzen sich im Kreis um ihn herum.
„Erst singen wir ein Festlied", sagt Herr Max. „Keiner hat Geburtstag, trallallallala, trallallallallalla, keiner hat Geburtstag, trallallallalla!!!"
Die Kinder müssen alle lachen, Wim am lautesten von allen.
„Ich will Geschenke!", ruft er.
„Immer mit der Ruhe", sagt Herr Max. „Ein wenig Geduld, bitte. Erst darfst du austeilen und dann malt die ganze Gruppe ein schönes Bild für dich."
Nachdem er das gesagt hat, geht Herr Max in die Küche. Dort liegt eine Riesentüte mit Gummibärchen, die auf die Igelgruppe wartet, die einfach so plötzlich Lust auf ein Fest hat.

Still

Kreischend rennt Ben quer durch den Raum hinter Wim her. Wim ist ein Dieb und Ben ist der Polizist, der ihn fangen muss. Wim rennt um sein Leben und wirft unterwegs Stühle und Türme aus Bauklötzen um.

„Kinder, macht nicht so einen Lärm!", sagt Herr Max, der an seinem Tisch sitzt.

„Ich mache keinen Lärm, ich bin ein Polizist", sagt Ben und rennt weiter.

In der Puppenecke weint Rosa so laut, wie sie kann. Sie spielt Vater und Mutter mit Mehmed und Tamara und sie ist das Baby, das nicht einschlafen will.

Am Wassertisch stehen Pieter und Peter und schreien. Der Wassertisch ist das Meer, in dem gerade ein Schiff versunken ist. Jetzt sind dort überall Haie, die alle totbeißen. Die Menschen schreien wie wild, wenn die Haie sie auffressen. Es ist so laut im Gruppenraum, dass Herr Max sich die Ohren zuhält.

„Was für ein Hexenkessel", murmelt er. Er steht auf und brüllt, lauter als alle Kinder zusammen: „Ruhe!"

Erschreckt hören die Kinder auf zu spielen.

„Ihr macht vielleicht einen Lärm!", sagt Herr Max. „Man kann euch bis in die Bienengruppe hören. Wenn wir so weitermachen, wird Mieke böse."

Lärm?, denkt Ben. Alle haben so schön gespielt!

„Für heute haben wir genug Krach gemacht", sagt Herr Max. „Ab jetzt will ich keinen Ton mehr hören."

„Aber Herr Max ...", will Rosa sagen.

„Pscht!", sagt Herr Max. „Keinen Ton mehr. Ich will nur noch meine eigene Stimme hören und sonst niemanden. Könnt ihr das, so still sein wie die Mäuse?"

Natürlich können sie das!

„Piep, piep!", machen ein paar Kinder.

„Nein, auch kein Gepiepse", sagt Herr Max. „Ich mach die Augen zu und dann will ich nichts mehr hören. Schuhe aus, dann machen eure Füße auch keinen Lärm mehr."

Herr Max setzt sich hin und schließt die Augen. Still ziehen die Kinder ihre Schuhe aus und schleichen auf Zehenspitzen durch den Raum.

Es ist ein schönes Spiel.

Wim, der Dieb, rennt auf Socken zwischen den Tischen durch und Polizist Ben trippelt hinter ihm her. Baby Rosa weint nicht mehr, sondern ist brav eingeschlafen. Die Menschen im Wassertisch sind alle von den Haien aufgefressen worden, die schreien auch nicht mehr. Es ist still, mucks-mäuschenstill. Und noch immer sitzt Herr Max mit geschlossenen Augen an seinem Tisch.

Freddy geht zu ihm und zupft ihn am Ärmel.

„Nein", sagt Herr Max, ohne die Augen aufzumachen, „was fragen ist auch verboten."

Freddy bleibt kurz stehen und schaut Herrn Max an, dann setzt er sich auf einen Stuhl und schaukelt mit den Beinen hin und her. Ben begreift, was los ist. Wieder steht Freddy auf und stellt sich vor Herrn Max. Er kneift die Beine zusammen. Aber er traut sich nicht, ihn am Ärmel zu ziehen, und darum setzt er sich wieder hin, mit großen Augen und wild hin- und herschaukelnden Beinen.

Ben spielt weiter. Er kriecht unter die Tische, auf der Suche nach dem Dieb, der sich versteckt hat.

Plötzlich fängt Freddy an zu weinen. Ben sieht einen großen nassen Fleck auf seiner Hose.

Herr Max macht die Augen auf und schaut zu Freddy.

„Ja, was ist denn das?", fragt er. „Hast du etwa in die Hose gemacht? Nein!"

„Das ist deine Schuld", sagt Freddy schluchzend. „Ich musste zum Klo und durfte nicht fragen."

„Oh", sagt Herr Max. „Ai", sagt er. „Komm mal her."

Kopfschüttelnd betrachtet er die durchnässte Hose. Er weiß nicht, was er jetzt machen soll.

„Tja, das ist nicht so schön", sagt er. „Das ist nicht so schön. Ähm … Weißt du was? Wir gehen zu Mieke, die weiß bestimmt, ob im Kindergarten noch irgendwo trockene Hosen sind. Ich bin sofort wieder da, Kinder."

„Sie war böse", sagt Herr Max, als er wieder zurück ist. „Mieke war böse."

„Aber Freddy konnte doch nichts dafür!", sagt Wim.

„Sie war auch nicht böse auf Freddy, sie war böse auf mich", sagt Herr Max. „Sie fand auch, dass es meine Schuld war. Mieke kann ganz schön streng sein!"

Ja, das weiß Ben. Mieke ist viel strenger als Wendy.

„Wir machen jetzt was anderes", sagt Herr Max. „Das Spiel ist vorbei. Kinder, ich brauche jetzt erst mal eine Tasse Kaffee auf den Schreck."

Kurze Zeit später spielen alle wieder und niemand macht Krach. Und Herr Max? Der sitzt an seinem Tisch und ist am stillsten von allen.

Doktor Ben

Ben spielt mit Bobby auf dem Gang. Bobby ist erst vier, er ist in Miekes Gruppe. Ben spielt oft mit ihm, Bobby ist sein Freund. Er wohnt bei Ben um die Ecke.

„Ich werde dich mal untersuchen", sagt Ben. „Zieh dich aus."

Wenn Ben groß ist, wird er Doktor. Wenn man Doktor ist, darf man Leuten Spritzen geben und sie operieren und Pflaster aufkleben. Jetzt ist Ben noch nicht groß, aber es macht Spaß, so zu tun, als wenn er schon ein echter Doktor wäre. Und Bobby ist der Patient.

Aber der Patient sagt: „Ich will mich nicht ausziehen. Dann bin ich nackt und das will ich nicht."

Ach, wie schade. Na ja, dann untersucht Ben ihn eben angezogen. Er schaut in Bobbys Mund und in seine Ohren und drückt fest auf seinen Bauch. Das fühlt sich nicht gut an, Bobby ist wirklich sehr, sehr krank. Doktor Ben wird ihn wieder gesund machen.

„Bleib so liegen!", sagt er. Er rennt in den Gruppenraum und bittet Herrn Max um Pflaster.

„Pflaster?", fragt Herr Max. „Bist du gefallen?"

„Ich bin Doktor", sagt Ben. „Wendy gibt uns auch immer Pflaster."

„Ja, ja, du kannst mir viel erzählen", sagt Herr Max.

„Das stimmt wirklich, Herr Max", ruft Rosa aus der Bauecke.

„Ja, wirklich", sagt Ben, „wir schwindeln nicht."

„Also gut", sagt Herr Max. Er holt eine Dose Pflaster aus dem Verbandskasten und gibt sie Ben.

Ben nimmt die Dose und rennt damit auf den Gang. Echte

Pflaster! Die sind noch viel besser als die Kinderpflaster, die Wendy ihnen manchmal zum Spielen gibt.

Bobby liegt noch immer im Gang und wartet brav auf Ben. „Ich bin krank", sagt er.

„Weiß ich", sagt Ben. „Ich mach dich wieder gesund."

Er nimmt ein Pflaster aus der Dose und klebt es auf Bobbys Arm. Stolz sieht der Junge zu. „Noch eins!", sagt er und streckt seinen anderen Arm aus. Ben klebt auch auf diesen Arm ein Pflaster.

Bobby fängt an zu lachen. „Ich bin krank!", ruft er. „Ich brauche noch mehr Pflaster."

Also klebt Ben ein Pflaster auf Bobbys Stirn. Und danach auf seinen Bauch, zwei auf seine Beine und eins auf seine Wange.

Jetzt ist die Dose leer und Bobby sieht aus wie ein richtiger Patient.

„Nun bist du wieder gesund", sagt Ben. Er zieht das Pflaster von Bobbys Wange.

„Au!", schreit Bobby. „Das tut weh."

Ja, das kann gut sein, aber dafür kann Ben nun wirklich nichts. Kinderpflaster kann man abziehen, ohne dass man was davon merkt, aber das hier sind Pflaster für große Leute und die kleben gut, wenn man sie einmal aufgeklebt hat.

Er zieht an dem Pflaster auf Bobbys Bauch.

„Nicht!", schreit Bobby. Er schlägt nach Ben und weint immer lauter. „Ich will keine Pflaster!", schluchzt er.

In diesem Moment kommt Mieke in den Gang. „Was ist denn hier los?", fragt sie. Sie sieht Bobby an und sagt: „Warum hast du denn überall Pflaster! Hast du das gemacht, Ben?"

Verlegen sieht Ben zu ihr auf. „Ich bin der Doktor", sagt er.

„Wer hat dir die Pflaster gegeben?", fragt Mieke.

„Herr Max", sagt Ben.

Böse guckt Mieke zum Gruppenraum der Igel. „Dieser Max, wie kann man nur!", sagt sie. Sie nimmt den weinenden Bobby auf den Arm und geht mit ihm in ihren Gruppenraum.

Jetzt hat Ben keinen Patienten mehr. Schade. Soll er sich einen neuen Patienten suchen? Nein, die Pflaster sind alle. Er hat auch gar keine Lust mehr Doktor zu sein. Wenn Ben groß ist, wird er Löwenbändiger in einem Zirkus, das ist viel schöner.

Er holt einen Kuschellöwen aus der Puppenecke und setzt sich damit unter einen Tisch. Denn der Tisch, das ist der Löwenkäfig …

Das Foto

„Ihr habt euch aber rausgeputzt!"
Herr Max hat Recht, die Kinder sehen schick aus. Sie werden heute fotografiert und haben deshalb ihre besten Sachen an.
Ben trägt ein neues Hemd und heute Morgen hat Papa seine
Schuhe geputzt. Sogar Bens Haare sind ordentlich ge-
kämmt. Das macht Mama sonst fast nie. Stolz setzt er sich in
den Kreis, zwischen all die anderen schicken Kinder. Dort
warten sie, bis der Fotograf kommt. Er bleibt den ganzen
Tag im Kindergarten und macht Fotos von allen Gruppen.
Wenn die Fotos fertig sind, müssen die Väter und Mütter sie
kaufen. Jetzt ist der Fotograf schon bei der Bienengruppe,
danach kommt er zur Igelgruppe.
Das Warten dauert lange, die Kinder wippen mit ihren Stühlen hin und her.

„Sollen wir im Sandkasten spielen?", fragt Herr Max. „Der Sand ist nass vom Regen, dann kann man so gut Sandburgen bauen, dazu habt ihr doch bestimmt Lust?"

Wie kann Herr Max das bloß denken?

„Herr Max!", sagt Susan. „Von dem Matsch werden wir schmutzig und das geht doch jetzt nicht."

„Oh", sagt Herr Max. „Soll ich dann was vorlesen?"

Ja, vorlesen, das geht. Vom Vorlesen wird niemand schmutzig.

„*Max und die Maximoster!*", sagt Ben.

„Schon wieder?", fragt Herr Max. „Das habe ich schon so oft vorgelesen. Sollen wir nicht mal eine andere Geschichte lesen?"

Bevor Ben sagen kann, dass er ganz bestimmt keine andere Geschichte hören möchte als *Max und die Maximonster*, geht die Tür auf. Da ist er, der Fotograf.

Ben wird ganz rot, so spannend findet er es. Die ganze Gruppe auf einem Foto!

Der Fotograf guckt ein wenig verärgert um sich.

„Seid ihr noch nicht fertig?", fragt er. „Schnell aufstellen, eine Reihe Kinder auf den Stühlen und eine Reihe davor auf dem Boden."

„Genau wie damals, als ich das Bild für Wendy gemalt habe", sagt Herr Max, der plötzlich ganz schnell Stühle hin- und herschiebt.

All die ordentlichen Kinder setzen sich ordentlich hin und auch Herr Max stellt sich dazu. Er ist der Einzige, der sich nicht fein gemacht hat. Er trägt eine Jeans, als wenn es ein ganz normaler Tag wäre.

„Okay", brummt der Fotograf. Er holt einen Fotoapparat aus seiner Tasche. „Jetzt müsst ihr lachen, nett lachen, das macht sich gut auf dem Foto. Los, lachen."

Er sagt das so streng, dass Ben eher Lust hat zu weinen, als zu lachen.

„Darf ich mitlachen?", fragt plötzlich eine Stimme hinter den Kindern. „Darf ich auch aufs Foto?"

Es ist eine sehr vertraute Stimme, die das fragt.

Ben schaut sich um. Wer ist denn das, das klingt wie …

Ja! Es ist Wendy! Liebe, liebe Wendy!

Die Kinder springen auf und rennen zu ihr.

„Halt, halt, sitzen bleiben!", schimpft der Fotograf. „Ich bin noch nicht fertig."

Die Kinder springen Wendy in die Arme, sie streicheln sie und geben ihr viele Küsschen. Wendy ist wieder gesund!

„Ja", sagt sie, „ich bin wieder gesund."

Wie schön, dass Wendy wieder da ist! Jetzt, wo Ben sie sieht, fühlt er lauter Freudekribbeln im Bauch. Ihre Wendy, ihre eigene Wendy.

„Ja, was soll denn das, ich warte", brummt der Fotograf.

„Immer mit der Ruhe, ja!", sagt Wendy. Sie schaut den Fotografen unfreundlich an. Er traut sich gleich nicht mehr, noch was zu sagen.

„Kinder, setzt euch mal wieder schön hin", sagt Wendy. „Es ist schnell vorbei."

Aber die Kinder haben jetzt gar keine Lust, sich in zwei Reihen hinzusetzen. Wendy ist wieder da! Sie wollen nicht fotografiert werden, sie wollen bei Wendy auf den Schoß.

„Gleich", verspricht sie, „wenn das Foto fertig ist, ja?"

Gut, wenn Wendy es gerne möchte, tun die Kinder es. Wild miteinander schwatzend setzen sie sich hin und dieses Mal stellt Wendy sich zu ihnen.

„Was für ein Getrödel, ich habe heute noch mehr zu tun", meckert der Fotograf. Ben findet ihn nicht nett.

Herr Max ist inzwischen einen Schritt zurückgetreten.

„Was für eine Überraschung, was?", sagt er. „Aber jetzt, wo Wendy wieder da ist, wollt ihr bestimmt lieber, dass sie auf dem Foto ist und nicht ich. Alle Gruppen werden mit ihrer eigenen Kindergärtnerin fotografiert, so gehört sich das."

Die Kinder zögern. Ja, sie wollen gerne, dass Wendy aufs Foto kommt. Sie ist wieder da, ihre eigene liebe Wendy ist wieder da! Was für ein Fest! Ben hofft, dass sie feiern, dass sie wieder da ist.

Aber Herr Max … Herr Max ist auch lieb. Und er ist auch ein bisschen ihr eigener Kindergärtner geworden, in all den Wochen, in denen Wendy krank war. Ja, er darf auch aufs Foto.

„Das finde ich schön!", sagt Herr Max. Er stellt sich neben Wendy und legt ihr den Arm um die Schulter. „Ich bin auch froh, dass du wieder da bist."

„Los, alle nett lachen", brummt der Fotograf wieder. „Nicht in der Nase bohren!"

Klick! Das ist ein Foto.

Klick! Und noch ein Foto.

Einen Moment später ist es vorbei. Der Fotograf ist fertig und geht weg, ohne sich zu verabschieden. Sofort springen die Kinder auf, um Wendy zu umarmen und auf ihren Schoß zu klettern.

„Ach, Kinder", sagt Wendy. „Ich bin so froh, dass ich wieder gesund bin. Ich habe euch so vermisst. Vielen Dank für eure schönen Bilder."

„Du darfst nie mehr krank werden!", sagt Mehmed.

„Ich werde es versuchen", sagt Wendy lachend. „Und, Max? Sind die Kinder lieb gewesen? Max?"

Suchend schaut sie sich nach Herrn Max um, aber er ist weg. Ganz plötzlich ist er verschwunden.

Tja, jetzt, wo Wendy wieder da ist, braucht die Igelgruppe Herrn Max nicht mehr. Er ist zurück in sein Zimmer gegangen, um Dinge aufzuschreiben und mit Vätern und Müttern zu reden. Herr Max ist kein Kindergärtner mehr, er ist wieder ganz normal der Leiter vom Kindergarten. Genau wie früher, als Wendy noch nicht krank war.

Zwei Wochen später

Herr Max ist in seinem Zimmer. Er hat nichts zu tun. Er steht vor dem Fenster und schaut Wendys Gruppe zu. Die Kinder spielen im Schnee.

Ben und Rosa bauen einen Schneemann, Barbara schaufelt Schnee aus dem Sandkasten und ... sieh nur, was da passiert! Pieter ärgert Boris. Er reißt ihm die Mütze vom Kopf und stopft sie voll mit Schnee. Wie gemein!

Herr Max will nach draußen rennen und Pieter den Kopf waschen. Er nimmt seine Jacke ...

Nein, er darf nicht. Wendy ist wieder da, also darf Herr Max sich nicht mehr einmischen.

Seufzend hängt er seine Jacke wieder auf. Er geht zu seinem Schreibtisch und blättert in einem dicken Papierstapel. Den muss er lesen, aber er hat gar keine Lust dazu.

Wieder geht er zum Fenster. Einen Schneemann bauen, das macht Spaß! Könnte er nur da unten bei Ben und Rosa sein. Wie langweilig es ist, der Leiter vom Kindergarten zu sein!, denkt Herr Max. Ich wünsche mir, dass ich mal wieder der Kindergärtner von den Minimonstern sein darf.